中学校 保健体育

学習評価完全ガイドブック

体的に学習に

り組む態度」の

JN039908

佐藤 豊 編著

明治図書

はじめに

　本書は，『評価事例＆評価規準例が満載！中学校保健体育新３観点の学習評価完全ガイドブック』(2021) の続編として，保健体育の「主体的に学習に取り組む態度」の評価に焦点化して編集した。すでに「主体的に学習に取り組む態度」の評価の具体については，前著でも取り上げているが，さらに充実した情報の提供を求める学校現場からのご要望に対して，全ての事例を「主体的に学習に取り組む態度」として編集している。

　国立教育政策研究所教育課程研究センター，『「指導と評価の一体化」のための学習評価に関する参考資料』(2020) では，
　①知識及び技能を獲得したり，思考力，判断力，表現力等を
　　身に付けたりすることに向けた粘り強い取組を行おうとし
　　ている側面
　②①の粘り強い取組を行う中で，自らの学習を調整しようと
　　する側面
という２つの側面を評価することが求められるとしている。
　また，注釈では，『各教科等によって，評価の対象に特性があることに留意する必要がある。例えば，体育・保健体育科の運動に関する領域においては，公正や協力などを，育成する「態度」として学習指導要領に位置付けており，各教科等の目標や内容に対応した学習評価が行われることとされている。』と記載されているように，「運動に関する領域」では，体育分

野の内容として示されている「(3)学びに向かう力，人間性等」の指導内容を具体的に指導し，評価するプロセスを通じて，上記の①②の側面を内包した学習評価が求められると考えられる。

　一方，保健分野では，多くの教科にみられるように，「(3)学びに向かう力，人間性等」の具体的な指導内容が示されていないことから，粘り強い取り組みを行おうとする側面，自らの学習を調整しようとする側面を踏まえた指導と評価が求められていると言える。

　本書では，「主体的に学習に取り組む態度」は，そもそも生徒が個別に有している意欲や姿勢を評価するものではなく，学習する単元の本質を，教師の働きかけや興味を喚起する学習活動を通して最大限に提示し，設定した評価規準に照らし合わせて高まりをみとるものであるとの考えを重視している。そのため，態度の育成につながる知識に着目し，「なぜ，学ぶのか，どのように学ぶのか，いつ学ぶのか」をあらかじめ整理した上で，生徒自身が自ら考え，取り組む姿勢を確認したり，見直したりする単元のまとまりの中で育成を図ることを重視し，事例の作成に取り組んでいる。

　様々な特徴ある実践に取り組む授業者の協力のもと本事例集が皆様のお役に立てることを願っている。

編著者　佐藤　豊

もくじ

第2章 豊富な事例でよくわかる！具体的な評価

第 1 章

「主体的に学習に取り組む態度」の評価

1 観点別学習状況の評価を行うための基礎知識

▶佐藤 豊

1 観点別評価の導入の意図

本書を活用される方には，釈迦に説法かもしれないが，まず初めに，そもそも観点別評価が導入された経緯について確認しておきたい（下図）。

学習指導要領は，概ね10年ごとに改訂されてきた。右図に示されていない戦後，二度の試案があるが，まず評価の客観性を担保することが重視され，当時の教育評価の主流であった相対的評価が導入された。

戦後復興が求められる教育界では，日本を支える優秀な人材育成が優先され，教育内容の一層の充実など知識量重視の方向性が進められていく。しかし，量的な基準

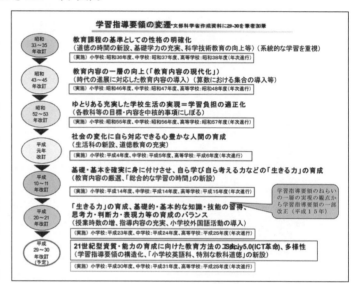

で判定される生徒の評価は，集団の相対的位置を示すものではあるが，生徒の努力が正しく反映されているかなどの課題も当初から指摘されていた。復興から高度経済成長に入る時代では，偏差値が絶対視される風潮から受験戦争と呼ばれる歪みもみられた。これらの課題に対して，昭和52〜53年改訂後の55年の指導要録（1980）から，観点別学習状況の評価が導入され始めているが，「関心，態度」を加味した相対評価とされた。学級崩壊や少年犯罪などの問題も表出化し，教育の方向性の転換が社会からも求められるようになった。

平成元年（1989）改訂は，知識偏重からの変更が明確となり，新しい学力観が提唱され，4観点による観点別評価が確立する改訂となる。これらは，アメリカにおける教育評価の影響，日本の「知育偏重（体育では技能偏重）」教育による様々な社会問題の顕在化，生活綴り方教育などの教育実践など教育論争を経て，平成10〜11年（1998〜1999）改訂「生きる力」の概念とともに，目標に準拠した評価（いわゆる絶対評価）が位置付けられ，現在につながる観点別評価の考え方に基づく実践が広く受け入れられていくことになる。総合的な学習の時間の導入にみられるように，社会で汎用的に活用できるように教育課程を再編成しつつ，「ゆとり」を

もった中でのびのびと学習させることが生徒に効果的と考えられた教育内容の厳選が進められた。

　急激な教育思想の転換は，社会には強烈なインパクトを与えたが，教育を支える学校現場では混乱が生じたとも言える。PISA ショックと呼ばれた日本の学力低下が問題視され，「確かな学力」が再意義されていく。知識偏重に戻るのではなく，将来的に汎用的に活用できる資質・能力をバランスよく育むことを目指し，アウトカムと呼ばれる「教育は何を保証するのか」という今回の改訂につながる視点が次第に重視されるようになっていったと考えられる。

　教育評価は，2001〜2011年に中央教育審議会部会長等を務めた梶田叡一らによって，教育評価研究者にみられるブルーム（Bloom, BS）の考え方が紹介されたこともあり，平成20〜21年度（2008〜2009）改訂では，観点別評価が教育の質保証のマネジメントシステムとしての重要性も着目されていく。平成29〜30年の本改訂では，学習指導要領改訂後に指導要録の改訂が行われたが，今回の改訂プロセスでは，これらが一体的に検討され，全ての教科が目標，内容，評価の観点の教科の共通性が図られてきた。

　学習指導要領の内容も時代の変化に合わせて刻々と変化してきている。観点別学習状況による評価は，過去にみられた生徒の序列化を図るためのものではなく，複数の角度から形成的に評価を行い，生徒に学習の見通しをもたせることや，実現が難しい生徒をできる限り学習の途中で発見し，ゴールまでに引き上げていくこと，授業を提供する私たちの授業の成果を確認し修正するための装置として日本の教育に合わせて適用され位置付いてきた。

　評価すべき事項は，具体化の中で適切に目標や目標に向けた具体的指導事項を捉えているのか（妥当性），教育の専門家が共通して同じ基準で評価できているのか（信頼性）という検証を行うことで，評価することが目的ではなく，評価の前提となる授業の在り方が問われている。

2 様々な評価に関する用語の確認

⑴評価と評定

　本書で使用する「評価」の用語は，観点別学習状況における，評価規準に基づく実現状況を示している。観点別学習状況は，平成29年中学校生徒指導要録改訂等通知で示されている『学習指導要領に示す各教科の目標に照らして，その実現状況を観点ごとに評価し記入する。その際，「十分満足できる」状況と判断されるもの：A，「おおむね満足できる」状況と判断されるもの：B，「努力を要する」状況と判断されるもの：Cのように区別して評価を記入する。』ことを指している。また，各教科の評定は，学習指導要領に示す各教科の目標に照らして，その実現状況を，「十分満足できるもののうち，特に程度が高い」状況と判断されるもの：5，「十分満足できる」状況と判断されるもの：4，「おおむね満足できる」状況と判断されるもの：3，「努力を要する」状況と判断されるもの：2，「一層努力を要する」状況と判断されるも

の：1のように区別して評価を記入する。』とされている。評価は，評定と混同されがちだが，評定は各教科の学習の状況を総括的に評価するものであり，観点別学習状況の評価は，生徒の学びの姿を分析的に捉えることで，指導及び生徒の学びに生かすために機能させることが大切である。なお，総括につなげる評定の検討例は，前著『中学校保健体育新3観点の学習評価完全ガイドブック』（2021）に示したので，併せて参考にしていただきたい。

⑵評価規準と評価基準

　『「指導と評価の一体化」のための学習評価に関する参考資料』（2020）では，『「評価規準」という用語については，（中略）「新しい学力観に立って子供たちが自ら獲得し身に付けた資質や能力の質的な面，すなわち，学習指導要領の目標に基づく幅のある資質や能力の育成の実現状況の評価を目指すという意味から用いたもの」』と説明されている。

　国が示す評価規準は，「おおむね満足できる」状況と判断されるもの：Bを示していることから，国以外が示す参考図書では，AやCの記述を総称して「評価基準」と呼称する場合や，「おおむね満足できる」状況と判断されるもの：Bを具体的に評価する際の量的な区切りを「評価基準」と示しているケースもみられる。

　本書では，国立教育政策所の考え方に準じて，いずれの場合も「評価基準」の用語は用いていない。AやCの記述は，「判断の目安」とし，評価規準をより具体的に示す場合も，質的な表現で示している。時間や回数という基準は，生徒が具体的な目標を捉える際の目安とはなるが，例えば，技能における，いわゆるパフォーマンスは，個人の身体能力，体力が加味され発揮されるという原理から考えれば，経験を有しない生徒が数時間の指導で獲得できる能力ではなく，教師が指導した学習成果以外の要因が多く含まれるという考え方に基づいている。指導の成果として習得できることを明確に捉えるという点から，学習の成果として動きの質などの変化を捉えることが大切と考えているためだ。学習外の経験や高い身体能力によって即座に習得できる才能は，「十分満足できる」状況と判断されるもの：Aとして扱うことが適切と考えられる。

⑶パフォーマンス評価とルーブリック

　近年，コンピテンシー（資質・能力）の測定法として，オルタナティブ・アセスメント（真正評価）という用語もしばしば聞かれるようになった。いわゆるテスト法を用いた量的な到達度がパフォーマンス評価の定義に含まれているとも言えるが，記憶した知識量を図る従来型の方法にも一定の妥当性は見出せるものの，テストのための知識の記憶量を図ることで，汎用的な資質・能力につながるのかという疑問，すなわち，現在求められる学習とは何かと向き合う命題にぶつかる。資質・能力の育成に向けては，獲得する知識の質に着目する必要がある。学習の本質に迫る「コア・コンセプトやビッグ・アイデア」と呼ばれる中核となる知識を特定し，

その知識を活用したり，応用したりして，課題を発見したり，解決策を見出すということで，一層の興味・関心を喚起するための「知識」とは何かを指導する教師がまず認識し「なぜ，学ぶのか」を納得させた上で，一過性の記憶力を試すためではなく，汎用性の高い概念や法則を確実に定着させることが，オルタナティブ・アセスメントと考えられる。

　そのため，論述や表現されたアウトプットの成果から，生徒の多様な出来映えを一定の規準を用いて判断するための指標がルーブリックと捉えている。

　ルーブリックは，一般的な長期目標を捉えたマクロ的なものとしても示されるが，近年の形成的評価の判断の手がかりとしても用いられてきている。本書でも，観点別評価における評価規準の判断の目安をより具体的に捉える際の手がかりとして各事例で示している。

⑷診断的評価，形成的評価，総括的評価

　ブルーム（Bloom, BS）が，キャロル（Carroll, J・B）の時間モデルをヒントに提唱した完全習得学習法 Mastery Learning（マスタリーラーニング，1968）で，「学習格差は，個人の資質ではなく，学習に必要な時間をかけなかったことが原因である」という考えから，学習の途中で評価を実施し，手立てを講じることで全ての子どもが目標を実現できるという形成的評価の重要性が用語の発端と言われている。しかしながら，学校という環境では，全体の進度の中で一人の教師ができる手立てには限度があり，100％は目指すが実現は難しいという了解の中で活用が進められてきた。評価の場面で見ると，まず，学習の意欲や学習歴などのアセスメントを診断的評価として行い，単元計画が生徒にフィットしているかを判断することが求められる。観点別学習状況評価は，形成的評価の中核となる装置であり，可能な限り出来映えは即時のフィードバックを図り，単元の終末に向けて「できるようにする」ためのものであり，最終的に評定につなげるための総括的評価が教師の指導の成果を確定する機会と言える。本事例集では，この段階を踏まえて，診断的評価の時期では，観点別評価は知識などの評価に留め，形

成的評価においても１時間に指導過多や無理な学習量にならないようにし，指導機会及び評価の機会を計画的に配置している。また，総括的評価にかかる最終の授業では，最終回で評価すべき必然のある観点のみを示すとともに，あえて全ての観点を最終的に確定するための機会として，余裕をもたせた単元構造図の設計を示している。

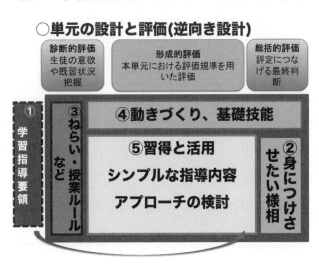

「主体的に学習に取り組む態度」の評価を行う手順　評価事例集に見る考え方

単元レベル

▶佐藤　豊

　ここでは，「主体的に学習に取り組む態度」の評価を行う手順として，文部科学省国立教育政策研究所教育課程センター『「指導と評価の一体化」のための学習評価に関する参考資料　中学校保健体育』(2020) で公表された評価事例集に見る考え方について，

　　事例4　キーワード　体育分野「主体的に学習に取り組む態度」の評価

　　「ダンス（創作ダンス）」（第3学年）

　　事例8　キーワード　保健分野「主体的に学習に取り組む態度」の評価

　　「健康と環境」（第3学年）

の2事例を例に考えていきたい。

1　体育分野における「主体的に学習に取り組む態度」の評価

　体育分野の手順は，次のような手順の流れが示されている（同書 p.76）。

①第3学年ダンスにおける「学びに向かう力，人間性等」の指導内容，学習指導要領解説表記，キーワードと想定される姿の例の確認（表1）

②本事例の第3学年ダンスにおける全ての「単元の評価規準」の作成（表2）

③指導と評価の計画における「共生」に関わる指導と評価の確認（図1）

④「共生」の指導に関わる時案略案及び学習評価資料の作成

⑤実現状況の「判断の目安」，「想定される様相」の検討（図2）

　上記の図の手順①〜⑤の流れを咀嚼して説明していく。

⑴手順①について

　まず，総説において，『各教科等によって，評価の対象に特性があることに留意する必要がある。例えば，体育・保健体育科の運動に関する領域においては，公正や協力などを，育成する「態度」として学習指導要領に位置付けており，各教科等の目標や内容に対応した学習評価が行われること。』とされていることから，運動に関する領域では，学習指導要領及び解説の表記に着目する。

　解説，第３学年ダンスでは，学習指導要領本体部分が枠囲いとなっている。(解説 p.183)

⑶学びに向かう力，人間性等
ダンスについて，次の事項を身に付けることができるよう指導する。

> ⑶ダンスに自主的に取り組むとともに，互いに助け合い教え合おうとすること，作品や発表などの話合いに貢献しようとすること，一人一人の違いに応じた表現や役割を大切にしようとすることなどや，健康・安全を確保すること。

　学習指導要領解説は，枠囲いの本体を説明するもので，その後，次のような記載が続いている。中学校解説の構文は，全てこの手順で作成されている。

　ダンスに自主的に取り組むとは，自己や仲間の課題に応じた練習方法を選択する学習などに自主的に取り組むことなどを示している。そのため，上達していくためには繰り返し粘り強く取り組むことが大切であることなどを理解し，取り組めるようにする。

（中　略）

　一人一人の違いに応じた表現や役割を大切にしようとするとは，体力や技能の程度，性別や障害の有無等に応じて，自己の状況に合った実現可能な課題の設定や挑戦を大切にしようとしたり，練習や交流及び発表の仕方の修正に合意しようとしたりすることを示している。そのため，様々な違いを超えて踊りを楽しむことができる配慮をすることで，ダンスのよりよい環境づくりに貢献すること[1]，違いに応じた配慮の仕方があること[2]などを理解し，取り組めるようにする。

　本体で示された用語がゴシックで示され，その用語の説明となっているが，この事例は，「一人一人の違いに応じた表現や役割を大切にしようとすること（共生）」の評価を取り上げる事例なので，その部分に着目している。

　下線＿＿＿で示した箇所は，「一人一人の違いに応じた表現や役割を大切にしようとする」の具体的な説明となっている。これが第３学年時にダンス領域で共通して何を指導するのかといった「具体知」と本書では捉えている。

　次に，色がけをした「そのため，」以降の文章から，「～を理解し」に示された文章が，共生の態度の学習はなぜ行うのかを示した「概念知」と捉えている。すなわち，解説から読み取る共生の具体的な姿及び共生の学習におけるコア・コンセプト（概念知）を押さえた上で，具体的な指導内容（具体知）これらを関連させて理解し，取り組もうとする態度を養うため学習方法（方法知）を教師が提供していくことを確認しておくことが重要である。

さらに解説では，次のように例示が示されており，こちらが評価規準のもとになる指導内容と捉えることができる。単元の評価規準は，この中から年間指導計画で示された時間数に応じて選択し指導することとなる。

〈例示〉
・ダンスの学習に自主的に取り組もうとすること。
・仲間に課題を伝え合ったり教え合ったりして，互いに助け合い教え合おうとすること。
・作品創作などについての話合いに貢献しようとすること。
・一人一人の違いに応じた表現や交流，発表の仕方などを大切にしようとすること。
・健康・安全を確保すること。

また，『表1 第3学年ダンス「学びに向かう力，人間性等」の指導内容，解説表記，キーワードと想定される姿の例』は，事例集作成の際に独自に示された資料だが，主体的に学習に取り組む態度では，愛好的態度，責任，協力，参画，共生，健康・安全の各指導事項が示されている。具体の指導場面では，類似した能力とも捉えられやすいため，あらかじめ，解説における記載の違い，指導の重点や想定される姿などを整理しておくことで，指導事項に適した学習アプローチができるよう整理されたルーブリックと言える。

本書では，取り上げる事例の学年，領域ごとの整理表を参考資料として作成している（p.28）。

なお，各事例では「4 学びに向かう力，人間性等の指導の工夫マップ」として整理している。

(2)手順②について

小学校から高等学校までの4.4.4.の設計で体系化された体育分野の学習指導要領解説は，さらに，2年間ごとに指導内容が整理されている。中学校では，第1学年及び第2学年のまとまりと第3学年に分けて示されているが，中学校第3学年と高等学校入学年次がまとまりとして整理されている。そのため，上記で示した例示は，第3学年ダンスで指導すべき内容が示されているものの高等学校入学年次とのまとまりで，同様の例示が示されているため，全てを取り上げるのではなく，中学校3年生，高校入学年次の2年間での指導を想定して，中学校3学年で取り上げておくことが望ましい例示から指導すべき事項を絞り込んでいる。

さらに，主体的に学習に取り組む態度は，技能とは異なり，領域の内容ごとに示されているのではなく，ダンス領域全体を通して指導をすることになるため，例えば，創作ダンス，現代的なリズムのダンスの2つの領域の内容を第3学年で取り上げる計画であれば，さらに重点化を図ることも可能と考えられる。

事例集では，「知識・技能」「思考・判断・表現」「主体的に学習に取り組む態度」に示された例示を手かがりに，全ての評価規準を作成した後，本単元の配当時間及び指導の時期を検討し，取り上げる評価規準に番号が付けられている。そのため，この事例では，16時間の設定で，

「知識3・技能3」「思考・判断・表現3」「主体的に学習に取り組む態度3」の評価規準数となっていると考えられる。

⑶手順③について

ここでは，第3学年ダンスにおける単元の指導と評価の計画の例（本書では，単元構造図という呼称）で，上記で設定した指導内容と方法，評価規準の機会が明確になるよう俯瞰図として示されている。主体的に取り組む態度では，生徒の固有の特性を評価するものではない。また，知識が得られればよいというものではなく，知識を基盤として「しようとする」意欲を高め，態度として表出していくよう働きかけていくことで，単元を通して育てていくことが大切だ。

単元の中で心がけてほしい具体的な行動や所作，配慮の仕方を提示すること「何を学ぶのか（具体知）」や，その行動は，何のために行うのか，なぜそうすべきなのか「なぜ学ぶのか（概念知）」を確実に指導した上で，そうした行動が内発的に動機付けられる機会や教師の働きかけや自分事として捉え，よりよい行動をとれるようにするための思考力，判断力，表現力等の指導と関連させて「いつ，どのように学ぶのか」を通して育てていくことが大切である。

しかしながら，単元では，1つの資質・能力のみを育てているのではなく，同時に3つの資質・能力を育む学習過程の設計が求められることから，③の手順が重要である。

⑷手順④及び⑤について

指導の実際は，教師の指導スタイル，経験，生徒の実態など多様な要素を加味して検討されるべきもので，本書を活用される先生方は，これまでの指導を基盤に自信をもって取り組んでいただけたらと思う。各領域における教材や評価のルーブリックは本書の事例で多数示しているので，それらを手がかりとしていただければ幸いである。

学びの姿の基本的な考え方は，態度のもととなる知識の理解状況を補助資料としつつ，観察による取り組もうとする意欲を，想定される様相をあらかじめ検討して作成したルーブリックに基づき評価をしていく。実際の評価の場面では，当初設定した想定以外の姿も表出し判断の目安への位置付けを新たにする必要性も生じるだろうが，その際は，改めて手順①の学習指導要領及び解説が目指す姿を確認し，加筆修正を行うことで，評価規準の妥当性，信頼性を高めていくことが大切である。

2 保健分野における「主体的に学習に取り組む態度」の評価

保健分野では，主体的に学習に取り組む態度につながる指導内容は学習指導要領及び解説では示されていない。

そのため，事例集では，「主体的に学習に取り組む態度」のポイントとして，『改善等通知における「主体的に学習に取り組む態度」の「評価の観点及びその趣旨」に示された内容等を踏まえ，文末を「〜しようとしている」として，評価規準を作成する。』とされており，事例での具体の表記は，次の例が示されている。

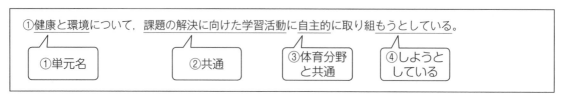

評価規準の構造は，上記のように，単元名＋課題の解決に向けた学習活動＋自主的に取り組もうとしているとなっている。

○保健分野における「主体的に学習に取り組む態度」の評価の進め方例

事例集では，『保健分野では，「主体的に学習に取り組む態度」については，単元全体を通して総合的に評価することが適切であると考えられる。本事例では，「主体的に学習に取り組む態度」の評価を「はじめ（診断的評価），なか（形成的評価），まとめ（総括的評価）」と単元を通して評価することとした。具体的には第1時と第4時に記録に残す場面を設定し，日々の授業で取り組む課題解決学習の状況を評価しつつ，「ワークシート」や「単元学習カード」の記入内容や単元を通した観察に基づき，第8時の単元のまとめにおいて総括的に評価することとした。』と示されている。

本書のp.11で診断的評価，形成的評価，総括的評価で，用語の解説を行ったが，考え方として，内容において，「学びに向かう力，人間性等」が示さていない教科科目に応じた捉え方が必要と言えるため，図のとおり，

①知識及び技能を獲得したり，思考力，判断力，表現力等を身に付けたりすることに向けた粘り強い取組を行おうとしている側面

②①の粘り強い取組を行う中で，自らの学習を調整しようとする側面

から評価の機会を設定しているものと考えられる。

事例（p.17の「事例集における保健分野の指導と評価の計画（8時間）」）では，8時間の中で，1つの評価規準を示し，3回の評価機会を設けている。本書では，体育理論及び保健2事例の中で，上記の2つの側面をそれぞれ想定した事例を示している。

総説における説明図　引用

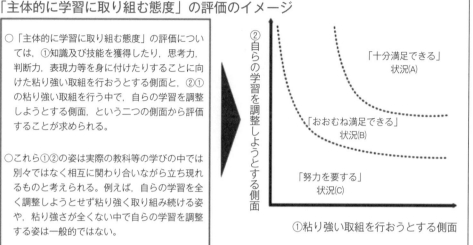

「主体的に学習に取り組む態度」の評価のイメージ

○「主体的に学習に取り組む態度」の評価については，①知識及び技能を獲得したり，思考力，判断力，表現力等を身に付けたりすることに向けた粘り強い取組を行おうとする側面と，②①の粘り強い取組を行う中で，自らの学習を調整しようとする側面，という二つの側面から評価することが求められる。

○これら①②の姿は実際の教科等の学びの中では別々ではなく相互に関わり合いながら立ち現れるものと考えられる。例えば，自らの学習を全く調整しようとせず粘り強く取り組み続ける姿や，粘り強さが全くない中で自らの学習を調整する姿は一般的ではない。

②自らの学習を調整しようとする側面

「十分満足できる」
状況(A)

「おおむね満足できる」
状況(B)

「努力を要する」
状況(C)

①粘り強い取組を行おうとする側面

事例集における保健分野の指導と評価の計画（8時間）　引用

3　指導と評価の計画（8時間）

時間	主な学習活動	知	思	態	評価方法等
1	・気温の変化に対する適応能力とその限界について理解する。 ・**身体の適応能力についての学習に自主的に取り組む。**	①		①	知：問答，ワークシート **態：問答，観察，ワークシート， 　　学習カード　診断的評価**
2	・温熱条件や明るさの至適範囲について理解する。	②			知：問答，ワークシート
3	・気象情報の利用，熱中症の予防等について，健康課題を選択し，教科書等を活用して解決策を選択する。		①		思：問答，ワークシート
4	・飲料水の衛生管理について理解する。 ・**健康と飲料水についての学習に自主的に取り組む。**	③		①	知：問答，ワークシート **態：問答，観察，ワークシート， 　　学習カード　形成的評価**
5	・空気の衛生管理について理解する。	④			知：問答，ワークシート
6	・生活に伴う廃棄物の衛生的管理について理解する。	⑤			知：問答，ワークシート
7	・災害と環境等の健康課題について，教科書等を活用して解決策を選択し，他者に伝え合う。		②		思：問答，ワークシート
⑧	・**環境問題についての学習に自主的に取り組む。**			①	**態：問答，観察，ワークシート， 　　学習カード　総括的評価**

・「主体的に学習に取り組む態度」については，単元全体で評価していくため「破線」で区切っている。
　＊診断的評価→形成的評価→総括的評価
・評価方法等「ワークシート」「学習カード」は，「5　観点別学習状況の評価の進め方」に例示している。

3 「主体的に学習に取り組む態度」の評価 解説の読み方，指導のポイントや留意点

▶ 石川　泰成

　本節では『中学校学習指導要領（平成29年告示）解説　保健体育編』（文部科学省）（以下，解説）をテキストに「学びに向かう力，人間性等」（以下，本資質・能力と表記）の，特に，指導内容について確認する。生徒が「何を学ぶのか」（教師にとっての指導内容）の明確化が指導と評価の一体化の視点や，教科の特質を踏まえた学習指導の展開を推進する上で重要だと考えるためである。その後，本資質・能力の育成に向けた指導上のポイント等について述べる。

1　「学びに向かう力，人間性等」の解説の読み方

(1)体育分野の「学びに向かう力，人間性等」に指導内容

　学習指導要領の今次改訂においては，「各教科等の内容については，指導事項のまとまりごとに，生徒が身に付けることが期待される資質・能力を三つの柱に沿って示すこと」としているが，特に「学びに向かう力，人間性等」については，目標において全体としてまとめて示し，内容のまとまりごとに指導内容を示さないことを基本」とされた。にもかかわらず，体育分野の運動領域においては指導内容が示された。なぜ，本資質・能力の内容が必要なのか，解説は次のように説明している。（以下，p. ●は解説記載の頁，下線やゴシックは筆者による。）

> しかし，**体育分野においては，豊かなスポーツライフを実現することを重視し**，従前より「態度」を内容として示していることから，内容のまとまりごとに「学びに向かう力，人間性等」に対応した指導内容を示すこととした。(p.13)

　このように，本資質・能力の指導内容が，豊かなスポーツライフの実現に向けて重要な指導内容であるとの捉え方に注目したい。なお，保健分野については「知識及び技能」と「思考力，判断力，表現力等」の2つで構成されている。

(2)体育分野「学びに向かう力，人間性等」の内容とは

　こうして，体育分野では従前より示されてきた愛好的態度，公正，協力，責任，参画，健康・安全に「共生」の内容を加えて指導内容が示された。

> なお，体育分野においては，「学びに向かう力，人間性等」の内容は，**生涯にわたる豊かなスポーツライフの実現に向けた体育学習に関わる態度に対応した，公正，協力，責任，参画，共生及び健康・安全の具体的な指導内容を示すこととした。**(p.14)

「共生」については，「豊かなスポーツライフの実現を重視し，スポーツとの多様な関わり方を楽しむことができるようにする観点から，体力や技能の程度，性別や障害の有無等にかかわらず，運動やスポーツの多様な楽しみ方を共有することができるよう，共生の視点を踏まえて指導内容を示すこととした」としている。

(3) 指導内容の一層の明確化　解説に〈例示〉を提示

さらに，今次改訂において，解説に資質・能力三つの柱全てに〈例示〉が示され，指導内容が一層明確にされた。「生涯にわたって豊かなスポーツライフを実現する基礎を培うことを重視し，指導と評価の一体化を一層推進する観点から，(1)知識及び技能（「体つくり運動」は知識及び運動），(2)思考力，判断力，表現力等，(3)学びに向かう力，人間性等の指導内容を一層明確にするため，解説において，従前，技能及び思考・判断で示していた例示を，全ての指導内容で示すこととした」(p.15)。解説の指導事項やこの〈例示〉を授業づくりの手がかりとして活用し，指導と評価の一体化を推し進めたい。

(4) [第3学年] の「学びに向かう力，人間性等」の目標と解説

表1は〔体育分野〕[第3学年] の「学びに向かう力，人間性等」の学習指導要領の目標と，内容及び解説本文を抜粋したものである。それぞれの内容の目指すものを確認しつつ，特に，愛好的態度と他の内容の関係を読み取りたい（表1*）。

表1 〔体育分野〕[第3学年] の「学びに向かう力，人間性等」の目標と解説の内容（p.39をもとに筆者が要約し作成）

要領 目標 表記	(3)運動における競争や協働の経験を通して，公正に取り組む，互いに協力する，自己の責任を果たす，参画する，一人一人の違いを大切にしようとするなどの意欲を育てるとともに，健康・安全を確保して，生涯にわたって運動に親しむ態度を養う。
内容	解説本文
愛好的 態度	生涯にわたって運動に親しむ態度。 （義務教育段階の修了，これまでの学習を踏まえて身に付けさせたい運動への態度）
公正	運動独自のルールや相手を尊重するなどのマナーを大切にしようとすること。
協力	仲間と助け合ったり教え合ったりするなど関わり合おうとすること。
責任	試合や発表会など，仲間と合意した役割に責任をもって取り組もうとすること。
参画	グループの話合いなどで，自らの意思を伝えたり，仲間の意見を聞き入れたりして，仲間の感情に配慮して合意形成を図ろうとすること。
共生	体力や技能の程度，性別や障害の有無等にかかわらず，人には違いがあることに配慮し，よりよい環境づくりや活動につなげようとすること。
健康・ 安全	体調に応じて運動量を調整したり，仲間や相手の技能・体力の程度に配慮したり，用具や場の安全を確認するなどして，自己や仲間のけがや事故の危険性を最小限にとどめるなど健康・安全を確保できるようにすること。

＊運動への愛好的態度は，公正に取り組む，互いに協力する，自己の責任を果たす，参画する，一人一人の違いを大切にしようとするなどの意欲や，健康・安全を確保する態度などの具体的な学習を通して育成される。

(5)〔第３学年〕の「学びに向かう力，人間性等」の内容

　表２は〔体育分野〕〔第３学年〕の「学びに向かう力，人間性等」の解説で示された指導内容の一部を抜粋，要約したものである。体育分野の学習に関わる指導内容として理解を深めたり，学習指導上の留意点や意義等を読み取ったりしたい。

表２　〔体育分野〕〔第３学年〕の「学びに向かう力，人間性等」の内容

「学びに向かう力，人間性等」については，（中略）第３学年の目標で示した，公正に取り組む，互いに協力する，自己の責任を果たす，参画する，一人一人の違いを大切にしようとするなどの意欲を育てることを，体育分野の学習に関わる「学びに向かう力，人間性等」の指導内容として具体化したものである。		
内容	解説表記（留意点や学習の意義）	
愛好的態度	各領域に自主的に取り組むこと。義務教育の修了段階であることを踏まえ，各領域に自ら進んで取り組むようにすることが大切であることを強調した。	上達していくためには繰り返し粘り強く取り組むことが大切であることなどを理解させ，取り組むべき課題を明確にしたり，課題に応じた練習方法を選択することなどを示したりするなど，生徒が練習や試合，発表などに意欲をもって取り組めるようにすることが大切である。
協力責任	よい演技を讃えようとすること互いに助け合い教え合おうとすること。自己の責任を果たそうとすること。	人にはそれぞれ違いがあることを認めた上で，仲間の演技のよさを指摘したり，仲間の技能の程度にかかわらず，課題を共有して互いに助け合ったり教え合ったりすることや，互いに合意した役割に責任をもって自主的に取り組もうとする意思をもつことが大切であること。

＊p.39をもとに筆者が作成

(6)〔第３学年〕【運動に関する領域】の「学びに向かう力，人間性等」の指導内容

　学年の目標を受け，各領域の指導内容は愛好的態度及び健康・安全が共通事項として取り上げられた。他方，公正（伝統的な行動の仕方），協力，責任，参画，共生については，各領域で取り上げることが効果的な指導内容を重点化して取り上げている。ここでは，前章でも記載しているが，より具体的に表３を用い，器械運動〔第３学年〕の「学びに向かう力，人間性等」の要領記述－解説記述－例示の関連について，　A 互いに助け合い教え合おうとすること，を取り上げ整理してみる。

表３　器械運動〔第３学年〕の「学びに向かう力，人間性等」の要領記述－解説本文－例示の整理

要領記述	(3)器械運動に自主的に取り組むとともに，よい演技を讃えようとすること，　A 互いに助け合い教え合おうとすること，一人一人の違いに応じた課題や挑戦を大切にしようとすることなどや，健康・安全を確保すること。
解説記述	例えば，互いに助け合い教え合おうとするとは，　B 技や演技の練習を行う際に，互いに仲間の動きを観察して動きの様子や課題を伝え合ったり，不足している勢いや力を補助し合ったりしながら取り組もうとすることを示している。そのため，互いに助け合い教え合うことは，　C 安全を確保したり，課題の解決に役立つなど自主的な学習を行いやすくしたりすることを理解し，取り組めるようにする。
例示	・仲間に課題を伝え合ったり補助し合ったりして，互いに助け合い教え合おうとすること。（協力）

＊p.82-83をもとに筆者が作成

解説記述の<u>そのため，</u>を境に，前半部分と後半部分に分けて検討してみたい。

まず，前半の下線部 B 「技や演技の練習を行う際に，互いに仲間の動きを観察して動きの様子や課題を伝え合ったり（しながら取り組もうとする）」では，「技や演技の練習を行う際（**いつ，学習の場面**）に，互いに仲間の動きを観察して（**どのようにして**）動きの様子や課題を（**何を**）伝え合ったり（しながら取り組もうとする）（**どうする**）」と整理することができる。実際の授業を想定しつつ，いつ，何を，どのように取り組むことなのか，を読み取りたい。

次に，後半の下線部 C 「安全を確保したり，課題の解決に役立つなど自主的な学習を行いやすくしたりすることを理解し」は，なぜこの学習が大切なのか，学習の意義や学習することの意味を表している。つまり，生徒が納得し意欲を高めて取り組む上で，この知識が重要な役割を果たす指導内容であることを示している。文章の構造を見直すと「（**生徒が**）～を理解し，取り組めるように（**指導**）する」とあるように，学習する内容や方法等及び学習する意味や意義をしっかり生徒に理解させた上で，態度の育成を図ると読み取れる。意欲を高める手法の1つと捉えられよう。解説では，「協力の場面や行動の仕方の例などの**具体的な知識**と，なぜ協力するのかといった協力することの意義などの**汎用的な知識**を関連させて指導することで，生徒自身の積極性や自主性を促し，生涯にわたる豊かなスポーツライフを実現していく資質・能力の育成を図ることが大切である」（p.41）と示している。

このように，〈例示〉の内容を解説記述からその意図を補い，指導内容の理解を深める必要があろう。

なお，本書では「学びに向かう力，人間性等の指導の工夫マップ」を提案し，概念知（○○する意味），具体知（何をするのか）に整理した上で，教師の働きかけとして場面や教材，発問を工夫する手続きを示している。詳しくは，第2章の実践例を参照されたい。

2 「学びに向かう力，人間性等」の指導のポイントや留意点

⑴育成する資質・能力三つの柱を関連させた指導

「学びに向かう力，人間性等」の指導内容は，体育分野の目標である「生涯にわたって運動に親しむ態度」や，保健体育科の目標である「豊かなスポーツライフを実現するための資質・能力」を育成することを目指している。ただし，学習指導においては，資質・能力三つの柱を個別に取り扱うのではなく，それぞれを相互に密接に関連付けて指導することが重要である。

○知識と技能の関連を図ることの重要性を認識することで「知識及び技能」が育まれる
○具体的な知識と汎用的な知識との往還を図りながら，仲間と協働する場面を設定するなどして運動実践につながる態度などの育成を目指すことで「学びに向かう力，人間性等」が育まれる
○二つの資質・能力を育成する過程において，課題の解決に向けて思考し判断するとともに表現する活動を効果的に設定することで「思考力，判断力，表現力等」が育まれる　　　　　　　　　　　　（p.41）

こうした学習を，単元や年間を通して，校種の経続性を踏まえてつながりを通して積み重ねることにより，「豊かなスポーツライフを実現する資質・能力の育成」や「明るく豊かな生活を営む態度」に結び付けることを強調している。例えば，器械運動［第3学年］の「学びに向かう力，人間性等」の〈例示〉「・仲間に課題を伝え合ったり補助し合ったりして，互いに助け合い教え合おうとすること。」と他の二つの資質・能力の〈例示〉の関連を整理してみよう。

知識及び技能（知識）
・技の行い方は技の課題を解決するための合理的な動き方のポイントがあり，同じ系統の技には共通性があること。
・自己の動きや仲間の動き方を分析するには，自己観察と他者観察などの方法があること。
思考力，判断力，表現力等
・選択した技の行い方や技の組合せ方について，合理的な動きと自己や仲間の動きを比較して，成果や改善すべきポイントとその理由を仲間に伝えること。
学びに向かう力，人間性等
・仲間に課題を伝え合ったり補助し合ったりして，互いに助け合い教え合おうとすること。

　知識として学習した技のポイントの理解や動きの分析の仕方（知）を活用し，成果や改善すべきポイントやその理由を具体的に把握する学習（思）が，仲間に課題を伝え合うなどの助け合い教え合う学習（学）の充実につながるのである。それぞれの指導内容の学習する順序等（単元のデザイン）を工夫することにより，それぞれの資質・能力が関連し合い，一層効果的に育成を図ることができるものと考える。

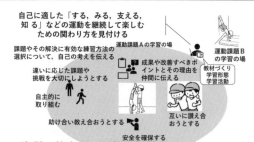

資質・能力三つの柱を総動員！
運動そのもので，運動の周辺で充実する学習

育成する資質・能力三つの柱を関連させた指導
（筆者作成）

(2)指導内容を育む学習機会の確保

　例えば，「自己の責任を果たそうとする」が指導内容として示され，「これは，練習や発表会などで，仲間と互いに合意した役割に責任をもって自主的に取り組もうとすることを示している。そのため，自己の責任を果たすことは，器械運動の学習を円滑に進めることにつながることや，社会生活を過ごす上で必要な責任感を身に付けることにつながることを理解し，取り組めるようにする。」(p.83) ものであることと説明されている。教師が，「責任を果たせ，グループで決めておけ」と伝えれば，全ての生徒が直ちに決定し行動するわけではない。まず，「責任を果たす」具体的な行動の仕方の理解と仲間と合意する話し合いの学習機会が必要だ。どのような責任の果たし方があり（をつくり），自分は何を担うのか，どのような場面で行いうるのか，などが具体化されない限り生徒の行動は創発されないだろう。責任を果たそうとする態度を育成するためには行動の仕方を提示したり，生徒に工夫させたりするなどの学習機会を確実

に設定する必要がある。また，ICT 端末等の利活用や振り返り項目の工夫により，生徒自身が継続的に学びを振り返り，学習の改善につなげることができるようにすることが重要である。

(3)学習期間を一定程度確保する

　体育分野の「技能」と「学びに向かう力，人間性等」の指導場面と評価機会の関係については，指導後に一定の学習期間及び評価期間を設けることや可能な範囲で複数回の評価機会の設定が推奨されている。これは技能の獲得，向上や態度の育成等に一定の学習期間が必要となることなどによる。一般的に指導内容の「・健康・安全を確保すること」は単元当初で指導場面を確保し，形成的に評価しながら行動化へ結び付ける必要があるはずだ。指導する前に想定される事故や怪我が起こってはならない。また，「・互いに助け合い教え合おうとすること」であれば，その活動に本格的に取り組む学習場面の当初で指導し，育成に向けて一定の学習及び評価期間を確保することが必要であろう。さらに，「・自主的に取り組もうとすること」などの愛好的態度は，前述した通り，公正（伝統的な行動の仕方），協力，責任，参画，共生，健康・安全など，態度の具体的な学習を通して育成されるもの，と示されている。これを踏まえれば，単元当初で目標として示したとしても，他の指導内容の学習状況を踏まえつつ，単元の終末まで形成的に評価し育成する必要があるだろう。学習評価との関わりを考えれば，学習を通してこそ，生徒の中に育まれた資質・能力を適切な機会に評価する必要がある。ならば，単元の規模や学習時間（期間）をどの程度設定すれば大方の生徒の学習が担保されるのか，の検討が重要となろう。「・互いに助け合い教え合おうとすること」は，一単位時間の「経験」だけで育成できるものではないはずだ。

運動やスポーツの価値（中教審答申第197号 p.187より）筆者作成

3 観点別学習状況の評価との関連で　－自己調整と粘り強さの前に－

　『「指導と評価の一体化」のための学習評価に関する参考資料　中学校　保健体育』（国立教育政策研究所）では『各教科等によって，評価の対象に特性があることに留意する必要がある。例えば，**体育・保健体育科の運動に関する領域においては，公正や協力などを，育成する「態度」として学習指導要領に位置付けており，各教科等の目標や内容に対応した学習評価が行われること**』と明示されている（同書 p.11）。そのため，運動に関する領域の「学びに向かう力，人間性等」の学習評価については，「教えたことを評価する」の大原則に立ち返り，「主体的に学習に取り組む態度」の観点別学習状況の評価を実施すべきであろう。

4 「主体的に学習に取り組む態度」の評価 解説と具体的な姿の関連

▶ 高橋 修一

1 「態度の整理表」の構造について

体育分野における「学びに向かう力，人間性等」については，愛好的態度，公正，協力，責任，参画，共生及び健康・安全の内容が示されており，それぞれの事項は，各領域で取り上げることが効果的なものを重点化して示されている。授業づくりに当たっては，各領域で示された事項を取り扱うこととなるが，単元の中で，例えば，技能の指導と評価を行う場合，技術のポイントを指導し，技能を身に付けるための練習場面を設定するとともに，身に付けた技能を発揮する場面を設定して評価することとなる。これは，学びに向かう力，人間性等の指導と評価を行う場合も同様である。第１章の３にも記載されている通り，指導する事項を行う意義（汎用的な知識）を指導し，行動の仕方の例（具体的な知識）などを提示したり，思考し判断したりする場面を設定して意欲を高めた上で，指導する事項が発現する場面を設定して評価することとなる。

本書では，『中学校学習指導要領（平成29年告示）解説 保健体育編』（以下，解説）に示された「学びに向かう力，人間性等」の解説の表記や例示とともに，各事項における「キーワード」と「想定される姿」を「主体的に学習に取り組む態度の整理表」（以下，「態度の整理表」）として示している（p.028）。図１は，第１学年及び第２学年の体つくり運動（協力）の抜粋である。Ⓐ部分には，解説に示された「学びに向かう力，人間性等」の「事項」を，Ⓑの部分には解説で示された「例示等」を，Ⓒの部分には解説の表記をそれぞれ記載している。また，Ⓓの部分は「キーワード（○）」として，学習の場面や行動の仕方の例などの「いつ，何を，どのように取り組むか」などをⒸの部分から抽出して示している。図１の例では，Ⓒの部分の波下線部分から「運動の際」「仲間の補助」「仲間に助言」の項目をキーワードとして取り出して

項目	指導内容 （例示等）	解説表記	キーワード(○)と 想定される姿(■)	
協力	仲間の補助を したり助言し たりして，仲 間の学習を援 助しようとす ること	運動を行う際，仲間の体を支えたり押したりして補助したり，高めようとする動きなどの学習課題の解決に向けて仲間に助言しようとすることなどを示している。そのため，仲間の学習を援助することは，自己の能力を高めたり，仲間との連帯感を高めて気持ちよく活動したりすることにつながることを理解し，取り組めるようにする。	○運動の際，仲間の補助，仲間に助言 ■他者との関わりの中で，補助や助言などの互恵的に関わる姿	Ⓓ Ⓔ
Ⓐ	Ⓑ	Ⓒ		

図1 第１学年及び第２学年：体つくり運動（協力）部分を抜粋

いる。「態度の整理表」ではキーワードを抽出していることから，Ⓒの部分の，「運動を行う際」「仲間の体を支えたり押したりして補助」「高めようとする動きなどの学習課題の解決に向けて仲間に助言」などの，解説に示された具体的な場面やねらいなどを参考にして授業づくりに役立てていただきたい。さらに，Ⓔの部分は，「想定される姿（■）」として，評価場面で生徒のどのような姿をみとるのかを示している。本書第1章2の1）でも示されているとおり，「学びに向かう力，人間性等」の指導事項は類似した能力と捉えられる場合があることから，どの場面で，どのような姿を評価するのかについて，事前に整理しておきたい。

なお，「態度の整理表」においては，Ⓒのアミかけ部分「 そのため，」以降についての特段の記載はないが，この部分は，それぞれの事項の学習をなぜ行うのかといった意義等を示している重要な部分であり，その汎用的な知識を確実に指導することが求められている。

授業づくりに当たっては，これらの内容を参考にして，解説に示された内容を指導する場面の設定や教材の工夫とともに，それぞれの場面でどのような姿を評価するのかを明確にして指導と評価の一体化を図る工夫をしていきたい。

2　「態度の整理表」と「指導の工夫マップ」などとの関連

第2章では，各領域における指導と評価の事例が示されているが，各事例では「指導の工夫マップ」や評価する際の「判断の目安例（ルーブリック）」などが示されている。ここでは，「態度の整理表」と，各事例で示されている「指導の工夫マップ」などとの関連について述べていく。

図2は第1学年及び第2学年の球技（共生）の「指導の工夫マップ」である。Ⓕの部分は解説の表記となっており，「態度の整理表」のⒸの部分と同じ記載となっている。Ⓖの部分は，それぞれの事項を指導する意義などの汎用的な知識が記載されている。これは，Ⓕ部分の「 そのため，」以降から抜粋している。Ⓗの部分は，それぞれの事項を指導する際の具体的な活動が記載されており，図1のⒹ部分を参考にして，学習の場面や行動の仕方の例及びその具体が示されている。Ⓘの部分は，指導と評価の計画（単元構造図）を踏まえて，「学びに向かう力，人間性等」のそれぞれの時間における指導場面と内容が示されており，Ⓙの部分には，Ⓘの場面での具体的な発問等が記載されている。その際の参考となるのが図1のⒹの部分となる。この

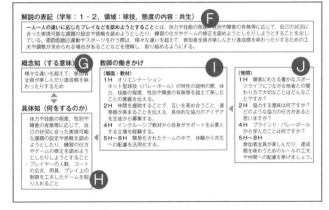

図2　第1学年及び第2学年・球技・共生の指導の工夫マップ

ように，「態度の整理表」と，各事例で示されている「指導の工夫マップ」を関連させて見ることで，解説を踏まえた授業づくりのイメージが明確になるのではないだろうか。

　また，各事例で示されている「単元構造図」は，「態度の整理表」で整理した内容を，それぞれの単元で指導と評価を実施する際の順序や工夫がまとめられたものであり，「指導の工夫マップ」作成のもととなるものである。授業における様々な工夫はもちろんのこと，指導と評価の機会や３つの資質・能力のバランスなども授業づくりの参考としていただきたい。

　各事例においては，「判断の目安（ルーブリック）」が示されている。図３は第１学年及び第２学年の球技（共生）の「判断の目安（ルーブリック）」であるが，下段の「行動観察における具体的な言動や行動」を作成する際の参考となるのが，図１の**Ｅ**の部分となる。

　どの場面で，どのような姿を評価するのかについて，事前に明確にするとともに教員同士で共有することで，主体的に学習に取り組む態度の評価の妥当性と信頼性を高めることを期待したい。

規準	A十分満足できる	Bおおむね満足できる	C努力を要する
学びの姿 （Bは評価規準）	態度のもととなる知識を理解し，言動が安定的に出現。	一人一人の違いに応じた課題や挑戦及び修正などを認めようとしている。（共生）	共生への理解が不十分で，言動に肯定的姿勢が不足。
「主体的に学習に取り組む態度」 共生の理解の程度	記述が，概念をもとに具体的行動が明示されている。	運動やスポーツを行う際は，様々な違いを超えて，参加者全員が楽しんだり達成感を味わったりするための工夫や調整が求められる場合があることを理解している。	共生の記述（３時間目）の配慮，肯定的声かけ。・６～８時間目の努力を要する状況での指導からの肯定的変化。手立て後の加筆もみられない状況。
行動観察による具体的な言動や行動 ４時間目（全体） ６～８時間目（補足）	・献身的なサポート姿勢，取り組み。 ・６～８時間目の他者への意識の高い行為。	・ゲームの受け入れ，他者への配慮，肯定的声かけ。 ・６～８時間目の努力を要する状況での指導からの肯定的変化。	・受動的姿勢。 ・配慮のない言動等。 ・ゲーム参加拒否。

図３　第１学年及び第２学年：球技（共生）の判断の目安（ルーブリック）

3 保健分野と体育理論の主体的に学習に取り組む態度の評価について

　前述の通り，保健分野おいては，「学びに向かう力，人間性等」については目標において全体としてまとめて示されており，内容のまとまりごとに指導内容は示されていない。

　『指導と評価の一体化』ための学習評価に関する参考資料』においては，事例５の４（p.86）で，『「主体的に学習に取り組む態度」の評価に当たっては，（中略）単に継続的な行動や積極的な発言を行うなど，性格や行動面の傾向を評価することでないことに留意したい。自らの学習状況を把握し，学習の進め方について試行錯誤するなど自らの学習を調整しながら，粘り強く取り組もうとしているかどうかという意思的な側面を評価することが重要である』としている。また，事例８の５（p.100）では，『「主体的に学習に取り組む態度」については，単元全体を通して総合的に評価することが適切であると考えられる」「単元を通した知識の習得や思考し判断したことを表現するなどの学習の状況を踏まえ，単元のまとめにおいて総括的に評価することとした。評価に当たっては，「自らの理解（学習）の振り返り」「自らの考えの記述（発表）」「他者との対話を通じた自らの考えの深まり」などの場面を設定し，観察や記述から「主体的に学習に取り組む態度」を評価できるよう工夫した』としている。

　第２章では，保健分野と体育理論の事例が示されているが，いずれの事例も，「粘り強さ」と「自己調整」に着目して示されている。「単元構造図」においては，学習を振り返る場面や

考えを記述したり発表したりする場面，対話を通して考えを深める場面などを設定し，指導と評価を実施する際の工夫を示している。また，解説を参考に概念知（汎用的な知識）や具体知を整理し，指導場面と発問の工夫などを示した「指導の工夫マップ」を踏まえて，例えば，「粘り強さ」への対応として，意欲をもって挑戦できる教材の工夫や，「自己調整」への対応として，単元や1時間を見通して，与えられた時間の中でよりよく課題を解決するための方策や学習カードの工夫などが示されている。また，「判断の目安（ルーブリック）」では，「粘り強さ」と「自己調整」を評価する際の学びの姿や具体的な言動などが示されている。いずれの事例においても，単元全体で意図的，計画的に指導と評価を行っていることを読み取ることができる。詳細については各事例を参照いただきたい。

　保健分野や体育理論に限ったことではないが，授業の中で学習内容に粘り強く取り組み，自己調整しながら課題解決する楽しさや意義を感じることによって，予測困難な時代において様々な課題に直面したときに，授業で学んだ「学びに向かう力，人間性等」を発揮できるようになることが求められているのではないだろうか。

4 愛好的態度の評価について

　愛好的態度については，各領域の学習に，第1学年及び第2学年では「積極的」に，第3学年においては「自主的」に取り組むことが示されている。

　第2章の2では，第3学年の体つくり運動の領域における愛好的態度の事例が示されている。この事例では，「知識及び技能」「思考力，判断力，表現力等」「学びに向かう力，人間性等」の学習状況について，単元全体を通した自主的な姿を総合的に評価している。詳細については事例を参照いただきたい。

　「積極的」「自主的」などの愛好的態度は，運動やスポーツに対する姿勢や価値観などといった包括的な態度ということができる。体育の目標である「生涯にわたる豊かなスポーツライフを実現する資質・能力」に関わる姿として，「知識及び技能」「思考力，判断力，表現力等」「学びに向かう力，人間性等」の各指導内容の全ての学習に，「粘り強く取り組めたか」「自ら学習を調整しようとしたか」という視点で総合的に評価することとなるのではないだろうか。この考えを踏まえれば，運動に関する領域の愛好的態度は，全ての単元ごとに評価するのではなく，例えば，内容のまとまりごとに各領域の最終段階で評価したり，各学年での各領域の最終段階で評価したりすることも考えられる。

A　体つくり運動

第1学年及び第2学年

事項	指導内容（例示等）	解説表記	キーワード(○)と想定される姿(■)
愛好的態度	体つくり運動の学習に積極的に取り組もうとすること	発達の段階や学習の段階に適した課題を設定したり，運動を選んだり組み合わせたりする学習などに積極的に取り組むことを示している。そのため，人は学習によって，体の動きが高まる可能性があることを理解し，取り組めるようにする。	○積極的，段階に適した課題の設定，運動の選択や組み合わせ，誰でも高まる可能性の理解 ■単元全体を通した積極的な姿
協力	仲間の補助をしたり助言したりして，仲間の学習を援助しようとすること	運動を行う際，仲間の体を支えたり押したりして補助したり，高めようとする動きなどの学習課題の解決に向けて仲間に助言しようとすることなどを示している。そのため，仲間の学習を援助することは，自己の能力を高めたり，仲間との連帯感を高めて気持ちよく活動したりすることにつながることを理解し，取り組めるようにする。	○運動の際，仲間の補助，仲間に助言 ■他者との関わりの中で，補助や助言などの互恵的に関わる姿
共生	一人一人の違いに応じた動きなどを認めようとすること	体の動きには，体力や性別，障害の有無等に応じた違いがあることを認めようとすることを示している。そのため，体つくり運動を行う際は，様々な違いを超えて，参加者全員が楽しんだり達成感を味わったりするための工夫や調整が求められる場合があることなどを理解し，取り組めるようにする。	○違いがあることを認める ■自他との関わりの中で，違いを認める姿
参画	ねらいに応じた行い方などについての話合いに参加しようとすること	ねらいに応じた行い方を話し合ったり，課題の合理的な解決に向けて話し合ったりする場面で，自らの考えを述べるなど積極的に参加しようとすることを示している。そのため，意思決定をする際には，話合いを通して，仲間の意見を聞くだけでなく自分の意見も述べるなど，それぞれの考えを伝え合うことが大切であることを理解し，取り組めるようにする。	○話合いの場面，仲間の意見を聞く，自分の考えを述べる，積極的に参加する ■話合いの場面で，考えを伝え合う姿
など（責任）	分担した役割を果たそうとすること	二人組やグループで運動する際に，用具の準備や後片付けをしたり，行った回数や時間を記録したり，仲間が運動しやすくなるように自己の運動を調整したりするなどの分担した役割に積極的に取り組もうとすることを示している。そのため，分担した役割を果たすことは，活動時間の確保につながることやグループの人間関係がよくなることにつながることを理解し，取り組めるようにする。	○運動の際，分担した役割に積極的に取り組む ■役割を自発的に引き受けたり，引き受けた役割を積極的に果たす姿
健康・安全	健康・安全に留意すること	体の状態のみならず心の状態も確かめながら体調の変化などに気を配ること，用具や場所などの自己や仲間の安全に留意して運動を行うこと，自己の体の動きに応じた行い方や強度を選んで運動することを示している。そのため，体調不良時は無理をしないこと，用具の使い方のポイントや運動に応じて起きやすいけがの事例などを理解し，取り組めるようにする。	○安全に留意，行い方や強度を選ぶ，けがの事例の理解 ■自身や仲間の体調や行動，用具などへの健康・安全に留意する状況

第3学年

事項	指導内容（例示等）	解説表記	キーワード(○)と想定される姿(■)
愛好的態度	体つくり運動の学習に自主的に取り組もうとすること	自己や仲間の課題に応じた運動を選択する学習などに自主的に取り組むことなどを示している。そのため，心と体をほぐし，運動の計画を実生活に生かすには，自らの生活を見直し，改善を図ろうとする意思が大切であることなどを理解し，取り組めるようにする。	○自主的，課題に応じた運動の選択，生活を見直し改善を図る ■単元全体を通した自主的な姿
協力	仲間に課題を伝え合うなど，互いに助け合い教え合おうとすること	運動を行う際，互いの心の変化に気付いたり，仲間の動きをよく見たりして，仲間に課題を伝え合いながら取り組もうとすることを示している。そのため，互いに助け合い教え合うことは，安全を確保したり，課題の解決に役立つなど自主的な学習を行いやすくしたりすることを理解し，取り組めるようにする。	○運動の際，課題を伝え合う ■他者との関わりの中で，伝える，教えるなどの互恵的に関わり合う姿

事項	指導内容（例示等）	解説表記	キーワード(○)と想定される姿(■)
共生	一人一人に応じた動きなどの違いを大切にしようとすること	体の動きには，体力や性別，障害の有無等に応じた違いがあることを受け入れ，大切にしようとすることを示している。そのため，様々な違いを超えて体つくり運動を楽しむことができる配慮をすることで，体つくり運動のよりよい環境づくりに貢献すること，違いに応じた配慮の仕方があることなどを理解し，取り組めるようにする。	○違いがあることを受け入れる，違いに応じた配慮をする ■自他との関わりの中で，違いを受け入れている姿
参画	自己や仲間の課題解決に向けた話合いに貢献しようとすること	自己や仲間の課題の解決の場面で，自己の考えを述べたり相手の話を聞いたりするなど，話合いに責任をもって関わろうとすることを示している。そのため，相互の信頼関係を深めるためには，相手の感情に配慮しながら発言したり，提案者の発言に同意したりして話合いを進めることなどが大切であることを理解し，取り組めるようにする。	○課題解決の場面，感情に配慮する，発言に同意する，責任をもって参加 ■グループの話合いで，配慮する，同意するなどの合意形成に取り組む姿
など（責任）	自己の責任を果たそうとすること	仲間と互いに合意した役割に責任をもって自主的に取り組もうとすることを示している。そのため，自己の責任を果たすことは，体つくり運動の学習を円滑に進めることにつながることや，社会生活を過ごす上で必要な責任感を身に付けることにつながることを理解し，取り組めるようにする。	○合意した役割に自主的に取り組む ■役割や責任行動に取り組む姿
健康・安全	健康・安全を確保すること	用具を目的に応じて使用すること，場所の安全を確認しながら運動を行うこと，体の状態のみならず心の状態も捉え，自己や仲間の体調や体力に応じて段階的に運動することなどを通して，健康を維持したり自己や仲間の安全を保持したりすることを示している。そのため，用具の使用における修正や確認，運動開始時における体の状態の確認や調整，けがを防止するための留意点などを理解し，取り組めるようにする。	○健康を維持する，安全を保持する ■自身や仲間の体調や行動，環境への変化などへの健康・安全確保の状況

B　器械運動

第1学年及び第2学年

事項	指導内容（例示等）	解説表記	キーワード(○)と想定される姿(■)
愛好的態度	器械運動の学習に積極的に取り組もうとすること	発達の段階や学習の段階に適した課題を設定したり，練習の進め方や場づくりの方法を選んだりする学習などに積極的に取り組むことを示している。そのため，人には誰でも学習によって体力や技能が向上する可能性があるといった挑戦することの意義を理解し，取り組めるようにする。	○積極的，段階に適した課題の設定，練習や場の選択，挑戦する意義の理解 ■単元全体を通した積極的な姿
公正	よい技や演技に称賛の声をかけるなど，仲間の努力を認めようとすること	仲間の課題となる技や演技がよりよくできた際に，称賛の声をかけることや，繰り返し練習している仲間の努力を認めようとすることを示している。そのため，仲間の技や演技を認め合って学習することは，相互の運動意欲が高まることを理解し，取り組めるようにする。	○よい技への称賛，努力を認める ■他者との関わりの中で，称賛や努力の認知などの互恵的に関わる姿
協力	練習の補助をしたり仲間に助言したりして，仲間の学習を援助しようとすること	練習の際に，仲間の試技に対して補助したり，挑戦する技の行い方などの学習課題の解決に向けて仲間に助言したりしようとすることなどを示している。そのため，仲間の学習を援助することは，自己の能力を高めたり，仲間との連帯感を高めて気持ちよく活動したりすることにつながることを理解し，取り組めるようにする。	○練習の際，仲間の補助，仲間に助言 ■他者との関わりの中で，補助や助言などの互恵的に関わる姿
共生	一人一人の違いに応じた課題や挑戦を認めようとする	体力や技能の程度，性別や障害の有無等に応じて，自己の状況に合った実現可能な課題の設定や挑戦を認めようとすることを示している。個々の体力や技能の違いに応じた技や技の出来映え，技の繰り返しや組合せに挑戦することを認めようとすることを示している。	○自己の状況に合った実現可能な課題の設定や挑戦を認める ■自他との関わりの中で，違いを認める姿

事項	指導内容（例示等）	解説表記	キーワード（○）と想定される姿（■）
	こと	そのため，運動やスポーツを行う際は，様々な違いを超えて，参加者全員が楽しんだり達成感を味わったりするための工夫や調整が求められる場合があることなどを理解し，取り組めるようにする。	
など（責任）	分担した役割を果たそうとすること	練習などを行う際に，器械や器具の出し入れなどの分担した役割に積極的に取り組もうとすることを示している。そのため，分担した役割を果たすことは，活動時間の確保につながることや，グループの人間関係がよくなることにつながることを理解し，取り組めるようにする。	○練習などの際，分担した役割に積極的に取り組む ■役割を自発的に引き受けたり，引き受けた役割を積極的に果たす姿
健康・安全	健康・安全に留意すること	体調の変化などに気を配ること，器械や器具や練習場所などの自己や仲間の安全に留意して練習や演技を行うこと，体力や技能の程度に応じた技や条件を変えた技及び発展技を選んで挑戦することなどを示している。そのため，体調に異常を感じたら運動を中止すること，器械や器具の安全な設置の仕方や滑り止めなどの使い方，技の行い方と起こりやすいけがの事例などを理解し，取り組めるようにする。	○安全に留意する，状況に応じた技への挑戦 ■自身や仲間の体調や行動，用具などへの健康・安全に留意する状況

第3学年

事項	指導内容（例示等）	解説表記	キーワード（○）と想定される姿（■）
愛好的態度	器械運動の学習に自主的に取り組もうとすること	自己や仲間の課題に応じた練習方法を選択する学習などに自主的に取り組むことなどを示している。そのため，上達していくためには繰り返し粘り強く取り組むことが大切であることなどを理解し，取り組めるようにする。	○自主的，課題に応じた選択，繰り返し粘り強く取り組む ■単元全体を通した自主的な姿
公正	自己の状況にかかわらず，互いに讃え合おうとすること	仲間の技のよい動きやよい演技を客観的な立場から，自己の技の出来映えや状況にかかわらず，讃えようとすることを示している。そのため，仲間のよい演技を称賛することは，コミュニケーションを深めること，互いに讃え合うことで運動を継続する意欲が高まることを理解し，取り組めるようにする。	○自分の出来にかかわらずよい演技を称賛する ■他者との関わりの中で，相手の演技を讃えるなどの互恵的に関わる姿
協力	仲間に課題を伝え合ったり補助し合ったりして，互いに助け合い教え合おうとすること	技や演技の練習を行う際に，互いに仲間の動きを観察して動きの様子や課題を伝え合ったり，不足している勢いや力を補助し合ったりしながら取り組もうとすることを示している。そのため，互いに助け合い教え合うことは，安全を確保したり，課題の解決に役立つなど自主的な学習を行いやすくしたりすることを理解し，取り組めるようにする。	○練習の際，伝え合う，補助し合う ■他者との関わりの中で，伝える，教えるなどの互恵的に関わり合う姿
共生	一人一人の違いに応じた課題や挑戦を大切にしようとすること	体力や技能の程度，性別や障害の有無等に応じて，自己の状況に合った実現可能な課題の設定や挑戦を大切にしようとすることを示している。そのため，様々な違いを超えてスポーツを楽しむことができる配慮をすることで，スポーツのよりよい環境づくりに貢献すること，違いに応じた配慮の仕方があることなどを理解し，取り組めるようにする。	○状況に合った実現可能な課題の設定や挑戦を大切にする，違いに応じた配慮をする ■自他との関わりの中で，違いを受け入れている姿
など（責任）	自己の責任を果たそうとすること	練習や発表会などで，仲間と互いに合意した役割に責任をもって自主的に取り組もうとすることを示している。そのため，自己の責任を果たすことは，器械運動の学習を円滑に進めることにつながることや，社会生活を過ごす上で必要な責任感を身に付けることにつながることを理解し，取り組めるようにする。	○自己の責任を果たす，役割に責任をもって取り組む ■練習や発表会における役割や責任行動に取り組む姿
健康・安全	健康・安全を確保すること	器械や器具を目的に応じて使用すること，練習場所の安全を確認しながら練習や演技を行うこと，自己の体調，体力や技能の程度に応じた技を選んで段階的に挑戦することなどを通して，健康を維持したり自己や仲間の安全を保持したりすることを示している。そのため，器械・器具等の試技前の確認や修正，準備運動時の体の状態の確認や調整の仕方，補助の仕方やけがを防止するための留意点などを理解し，取り組めるようにする。	○健康を維持する，安全を保持する ■自身や仲間の体調や行動，環境への変化などへの健康・安全確保の状況

C 陸上競技

第1学年及び第2学年

事項	指導内容 （例示等）	解説表記	キーワード（○）と 想定される姿（■）
愛好的態度	陸上競技の学習に積極的に取り組もうとすること	発達の段階や学習の段階に適した課題を設定したり，練習の進め方や場づくりの方法を選んだりする学習などに積極的に取り組むことを示している。そのため，人には誰でも学習によって体力や技能が向上する可能性があるといった挑戦することの意義を理解し，取り組めるようにする。	○積極的，段階に適した課題の設定，練習や場の選択，挑戦する意義の理解 ■単元全体を通した積極的な姿
公正	勝敗などを認め，ルールやマナーを守ろうとすること	勝敗などを認めとは，勝敗や個人の記録などの良し悪しにかかわらず全力を尽くした結果を受け入れ，仲間の健闘を認めようとすることを示している。また，ルールやマナーを守ろうとするとは，陸上競技は相手と距離やタイムなどを競い合う特徴があるため，規定の範囲で勝敗を競うといったルールや，相手を尊重するといったマナーを守り，フェアに競うことに取り組もうとすることを示している。そのため，仲間の健闘を認めることで，互いを尊重する気持ちが強くなること，ルールやマナーを守ることで，陸上競技の独自の楽しさや安全性，公平性が確保されることを理解し，取り組めるようにする。	○健闘を認める，相手を尊重する，フェアに競う ■結果にかかわらず相手を認める姿 ■ルールやマナーを守りフェアに競う姿
責任	用具等の準備や後片付け，記録などの分担した役割を果たそうとすること	練習や競争を行う際に，用具の準備や後片付け，測定結果の記録などの分担した役割に積極的に取り組もうとすることなどを示している。そのため，分担した役割を果たすことは，活動時間の確保につながることやグループの人間関係がよくなることにつながることを理解し，取り組めるようにする。	○練習などの際，分担した役割に積極的に取り組む ■役割を自発的に引き受けたり，引き受けた役割を積極的に果たす姿
共生	一人一人の違いに応じた課題や挑戦を認めようとすること	体力や技能の程度，性別や障害の有無等に応じて，自己の状況に合った実現可能な課題の設定や挑戦を認めようとすることを示している。そのため，運動やスポーツを行う際は，様々な違いを超えて，参加者全員が楽しんだり達成感を味わったりするための工夫や調整が求められる場合があることなどを理解し，取り組めるようにする。	○自己の状況に合った実現可能な課題の設定や挑戦を認める ■自他との関わりの中で，違いを認める姿
など （協力）	仲間の学習を援助しようとすること	練習の際に，仲間の記録を計るなど学習を補助したり，技術の行い方などの学習課題の解決に向けて仲間に助言したりしようとすることなどを示している。そのため，仲間の学習を援助することは，自己の能力を高めたり，仲間との連帯感を高めて気持ちよく活動したりすることにつながることを理解し，取り組めるようにする。	○練習の際，仲間の補助，仲間に助言 ■他者との関わりの中で，補助や助言などの互恵的に関わる姿
健康・安全	健康・安全に留意すること	体調の変化などに気を配ること，ハードルや走り高跳びの安全マットなどの用具や走路や砂場などの練習場所に関する安全に留意して練習や競争を行うこと，体力に見合った運動量で練習することを示している。そのため，体調に異常を感じたら運動を中止すること，器具の設置の仕方や用具の扱い方，けがの事例などを理解し，取り組めるようにする。	○安全に留意する，体力に合った練習量 ■自身や仲間の体調や行動，用具などへの健康・安全に留意する状況

第3学年

事項	指導内容 （例示等）	解説表記	キーワード（○）と 想定される姿（■）
愛好的態度	陸上競技の学習に自主的に取り組もうとすること	自己や仲間の課題に応じた練習方法を選択する学習などに自主的に取り組むことなどを示している。そのため，上達していくためには繰り返し粘り強く取り組むことが大切であることなどを理解し，取り組めるようにする。	○自主的，課題に応じた選択，繰り返し粘り強く取り組む ■単元全体を通した自主的な姿

事項	指導内容 （例示等）	解説表記	キーワード（○）と 想定される姿（■）
公正	勝敗などを冷静に受け止め，ルールやマナーを大切にしようとすること	勝敗などを冷静に受け止めとは，単に勝敗や個人の記録の良し悪しだけではなく，学習に取り組んできた過程と関連付けて受け止めようとすることを示している。また，ルールやマナーを大切にしようとするとは，単に決められたルールやマナーを守るだけではなく，自らの意思で大切にしようとすることを示している。そのため，勝敗の結果から自己の課題を見付け，新たな課題追究につなげることが大切であること，ルールやマナーを大切にすることは，友情を深めたり連帯感を高めたりするなど，生涯にわたって運動を継続するための重要な要素となることを理解し，取り組めるようにする。	○取り組みの過程と関連づけて結果を受け止める，ルールやマナーを大切にする ■結果にかかわらず新たな課題解決につなげる姿 ■ルールやマナーを自ら重んじる姿
責任	仲間と互いに合意した役割について自己の責任を果たそうとすること	練習や記録会などで，仲間と互いに合意した役割に責任をもって自主的に取り組もうとすることを示している。そのため，自己の責任を果たすことは，陸上競技の学習を円滑に進めることにつながることや，社会生活を過ごす上で必要な責任感を身に付けることにつながることを理解し，取り組めるようにする。	○自己の責任を果たす，役割に責任をもって取り組む ■練習や記録会における役割や責任行動に取り組む姿
共生	一人一人の違いに応じた課題や挑戦を大切にしようとすること	体力や技能の程度，性別や障害の有無等に応じて，自己の状況に合った実現可能な課題の設定や挑戦を大切にしようとすることを示している。そのため，様々な違いを超えてスポーツを楽しむことができるよう配慮することで，スポーツのよりよい環境づくりに貢献すること，違いに応じた配慮の仕方があることなどを理解し，取り組めるようにする。	○状況に合った実現可能な課題の設定や挑戦を大切にする，違いに応じた配慮をする ■自他との関わりの中で，違いを受け入れている姿
など（協力）	互いに助け合い教え合おうとすること	練習の際に，互いに補助し合ったり，運動観察を通して仲間の課題を指摘するなど教え合いしながら取り組もうとすることを示している。そのため，互いに助け合い教え合うことは，安全を確保したり，課題の解決に役立つなど自主的な学習を行いやすくしたりすることを理解し，取り組めるようにする。	○練習の際，伝え合う，教え合う ■他者との関わりの中で，伝える，教えるなどの互恵的に関わり合う姿
健康・安全	健康・安全を確保すること	器具・用具等を目的に応じて使用すること，練習場所の安全を確認しながら練習や競争を行うこと，自己の体調や技能の程度に応じた目標や課題に挑戦することなどを通して，健康を維持したり自己や仲間の安全を保持したりすることを示している。そのため，用具等の試技前の修正や確認，準備運動時の体の状態の確認や調整の仕方，けがを防止するための留意点などを理解し，取り組めるようにする。	○健康を維持する，安全を保持する ■自身や仲間の体調や行動，環境への変化などへの健康・安全確保の状況

D　水泳

第1学年及び第2学年

事項	指導内容 （例示等）	解説表記	キーワード（○）と 想定される姿（■）
愛好的態度	水泳の学習に積極的に取り組もうとすること	発達の段階や学習の段階に適した課題を設定したり，練習の進め方や場づくりの方法を選んだりする学習などに積極的に取り組むことを示している。そのため，人には誰でも学習によって体力や技能が向上する可能性があるといった挑戦することの意義を理解し，取り組めるようにする。	○積極的，段階に適した課題の設定，練習や場の選択，挑戦する意義の理解 ■単元全体を通した積極的な姿
公正	勝敗などを認め，ルールやマナーを守ろうとすること	勝敗などを認めとは，勝敗や個人の記録などの良し悪しにかかわらず全力を尽くした結果を受け入れ，仲間の健闘を認めようとすることを示している。また，ルールやマナーを守ろうとするとは，水泳は相手とタイムなどを競い合う特徴があるため，規定の泳法で勝敗を競うといったルールや，相手を尊重するといったマナーを守り，フェアに競うことに取り組もうとすることを示している。そのため，仲間の泳ぎを認めることで，互いを尊重する気持ちが強くなること，また，ルールやマナーを守ることで水泳独自の楽しさや安全性，公平性が確保されることを理解し，取り組めるようにする。	○健闘を認める，相手を尊重する，フェアに競う ■結果にかかわらず相手を認める姿 ■ルールやマナーを守りフェアに競う姿
責任	用具等の準備や後片付け，計測などの分担した役割を	練習や競争を行う際に，用具の準備や後片付けをしたり，タイムを計測したりするなどの分担した役割に積極的に取り組もうとすることを示している。そのため，分担した役割を果たすことは，活動時間の確保につながることや仲間同士の人間関係がよくなることにつ	○練習などの際，分担した役割に積極的に取り組む ■役割を自発的に引き受けたり，引き受けた役割を積極的に果たす姿

事項	指導内容 （例示等）	解説表記	キーワード（○）と 想定される姿（■）
	果たそうとすること	ながることを理解し，取り組めるようにする。	
共生	一人一人の違いに応じた課題や挑戦を認めようとすること	体力や技能の程度，性別や障害の有無等に応じて，自己の状況に合った実現可能な課題の設定や挑戦を認めようとすることを示している。そのため，運動やスポーツを行う際は，様々な違いを超えて，参加者全員が楽しんだり達成感を味わったりするための行い方やルールなどの工夫や調整が求められる場合があることなどを理解し，取り組めるようにする。	○自己の状況に合った実現可能な課題の設定や挑戦を認める ■自他との関わりの中で，違いを認める姿
など （協力）	仲間の学習を援助しようとすること	練習の際に，水中での姿勢を補助するなど仲間の学習を援助したり，泳法の行い方などの学習課題の解決に向けて仲間に助言したりしようとすることなどを示している。そのため，仲間の学習を援助することは，自己の能力を高めたり，仲間との連帯感を高めて気持ちよく活動したりすることにつながることを理解し，取り組めるようにする。	○練習の際，仲間の補助，仲間に助言 ■他者との関わりの中で，補助や助言などの互恵的に関わる姿
健康・安全	水の安全に関する事故防止の心得を遵守するなど，健康・安全に留意すること	体の調子を確かめてから泳ぐ，プールなど水泳場での注意事項を守って泳ぐ，水深が浅い場所での飛び込みは行わないなどの健康・安全の心得を示している。水温や気温が低いときは水に入る時間に配慮しながら活動するなど体調の変化に気を配ること，用具の取り扱い方などの安全に留意すること，自己の体力や技能の程度に見合った運動量で練習をすることを示している。そのため，体調に異常を感じたら運動を中止すること，用具の扱い方，けがの事例などを理解し，取り組めるようにする。	○体の調子を確かめる，注意事項を守る，飛び込みは行わない，体調の変化に気を配る，安全に留意する，状況に合った練習量 ■自身や仲間の体調や行動，環境への変化などへの健康・安全に留意する状況

第3学年

事項	指導内容 （例示等）	解説表記	キーワード（○）と 想定される姿（■）
愛好的態度	水泳の学習に自主的に取り組もうとすること	自己や仲間の課題に応じた練習方法を選択する学習などに自主的に取り組むことなどを示している。そのため，上達していくためには繰り返し粘り強く取り組むことが大切であることなどを理解し，取り組めるようにする。	○自主的，課題に応じた選択，繰り返し粘り強く取り組む ■単元全体を通した自主的な姿
公正	勝敗などを冷静に受け止め，ルールやマナーを大切にしようとすること	勝敗などを冷静に受け止めとは，単に勝敗や個人の記録などの良し悪しだけではなく，学習に取り組んできた過程と関連付けて受け止めようとすることを示している。また，ルールやマナーを大切にしようとするとは，単に決められたルールやマナーを守るだけでなく，自らの意思で大切にしようとすることを示している。そのため，勝敗の結果から自己の課題を見付け，新たな課題追究につなげることが大切であること，ルールやマナーを大切にすることは，友情を深めたり連帯感を高めたりするなど，生涯にわたって運動を継続するための重要な要素となることを理解し，取り組めるようにする。	○取り組みの過程と関連づけて結果を受け止める，ルールやマナーを大切にする ■結果にかかわらず新たな課題解決につなげる姿 ■ルールやマナーを自ら重んじる姿
責任	仲間と互いに合意した役割について自己の責任を果たそうとすること	練習や記録会などで，仲間と互いに合意した役割に責任をもって自主的に取り組もうとすることを示している。そのため，自己の責任を果たすことは，水泳の学習を円滑に進めることにつながることや社会生活を過ごす上で必要な責任感を身に付けることにつながることを理解し，取り組めるようにする。	○自己の責任を果たす，役割に責任をもって取り組む ■練習や記録会における役割や責任行動に取り組む姿
共生	一人一人の違いに応じた課題や挑戦を大切にしようとすること	体力や技能の程度，性別や障害の有無等に応じて，自己の状況に合った実現可能な課題の設定や挑戦を大切にしようとすることを示している。そのため，様々な違いを超えてスポーツを楽しむことができるよう配慮することで，スポーツのよりよい環境づくりに貢献すること，違いに応じた配慮の仕方があることなどを理解し，取り組めるようにする。	○状況に合った実現可能な課題の設定や挑戦を大切にする，違いに応じた配慮をする ■自他との関わりの中で，違いを受け入れている姿
など （協力）	互いに助け合い教え合おうとすること	練習の際に，互いに補助し合ったり，運動観察などを通して仲間の課題を指摘するなど教え合ったりしながら取り組もうとすることを示している。そのため，互いに助け合い教え合うことは，安全を確保したり，課題の解決に役立つなど自主的な学習を行いやすくしたりすることを理解し，取り組めるようにする。	○練習の際，伝え合う，教え合う ■他者との関わりの中で，伝える，教えるなどの互恵的に関わり合う姿

事項	指導内容（例示等）	解説表記	キーワード(○)と想定される姿(■)
健康・安全	水の事故防止の心得を遵守するなど健康・安全を確保すること	自己の体力や技能の程度に応じて泳ぐ，無理な潜水は意識障害の危険があるため行わない，溺れている人を見付けたときの対処としての救助の仕方と留意点を確認するなどといった健康・安全の心得を示している。 水温や気温の低いときは活動の仕方や水に入る時間に配慮して活動する，自己の体調や技能の程度に応じて段階的に練習するなどを通して，健康を維持したり自己や仲間の安全を保持したりすることを示している。そのため，プールや用具に関する取り扱い方，また練習場所に関する安全や体調に留意して運動するなどの留意点などを理解し，取り組めるようにする。	○体力や技能の程度に応じて泳ぐ，無理な潜水は行わない，救助の仕方と留意点を確認する，健康を維持する，安全を保持する ■自身や仲間の体調や行動，環境への変化などへの健康・安全確保の状況

E 球技

第1学年及び第2学年

事項	指導内容（例示等）	解説表記	キーワード(○)と想定される姿(■)
愛好的態度	球技の学習に積極的に取り組もうとすること	発達の段階や学習の段階に適した課題を設定したり，練習の進め方や場づくりの方法を選んだりする学習などに積極的に取り組むことを示している。そのため，人には誰でも学習によって体力や技能が向上する可能性があるといった挑戦することの意義を理解し，取り組めるようにする。	○積極的，段階に適した課題の設定，練習や場の選択，挑戦する意義の理解 ■単元全体を通した積極的な姿
公正	マナーを守ったり相手の健闘を認めたりして，フェアなプレイを守ろうとすること	球技は，チームや個人で勝敗を競う特徴があるため，規定の範囲で勝敗を競うといったルールや相手を尊重するといったマナーを守ったり，相手や仲間の健闘を認めたりして，フェアなプレイに取り組もうとすることを示している。そのため，ルールやマナーを守ることで球技独自の楽しさや安全性，公平性が確保されること，また，相手や仲間のすばらしいプレイやフェアなプレイを認めることで，互いを尊重する気持ちが強くなることを理解し，取り組めるようにする。	○健闘を認める，相手を尊重する，フェアに競う ■結果にかかわらず相手を認める姿 ■ルールやマナーを守りフェアに競う姿
参画	作戦などについての話合いに参加しようとすること	自己の課題の解決に向けた練習方法や作戦について話し合う場面で，自らの考えを述べるなど積極的に話合いに参加しようとすることを示している。そのため，作戦などについて意思決定をする際には，話合いを通して仲間の意見を聞くだけでなく自分の意見も述べるなど，それぞれの考えを伝え合うことが大切であることを理解し，取り組めるようにする。	○話合いの場面，仲間の意見を聞く，自分の考えを述べる，積極的に参加する ■話合いの場面で，考えを伝え合う姿
共生	一人一人の違いに応じた課題や挑戦及び修正などを認めようとすること	体力や技能の程度，性別や障害の有無等に応じて，自己の状況に合った実現可能な課題の設定や挑戦を認めようとしたり，練習の仕方やゲームの修正を認めようとしたりしようとすることを示している。そのため，運動やスポーツを行う際は，様々な違いを超えて，参加者全員が楽しんだり達成感を味わったりするための工夫や調整が求められる場合があることなどを理解し，取り組めるようにする。	○自己の状況に合った実現可能な課題の設定や挑戦を認める ■自他との関わりの中で，違いを認める姿
協力	練習の補助をしたり仲間に助言したりして，仲間の学習を援助しようとすること	練習の際に，球出しなどの補助をしたり，チームの作戦や戦術などの学習課題の解決に向けて仲間に助言したりすることを示している。そのため，仲間の学習を援助することは，自己の能力を高めたり仲間との連帯感を高めて気持ちよく活動したりすることにつながることを理解し，取り組めるようにする。	○練習の際，仲間の補助，仲間に助言 ■他者との関わりの中で，補助や助言などの互恵的に関わる姿
など（責任）	分担した役割を果たそうとすること	練習やゲームの際に，用具の準備や後片付け，記録や審判などの分担した役割に積極的に取り組もうとすることを示している。そのため，分担した役割を果たすことは，活動時間の確保につながることやグループの人間関係がよくなることにつながることを理解し，取り組めるようにする。	○練習などの際，分担した役割に積極的に取り組む ■役割を自発的に引き受けたり，引き受けた役割を積極的に果たす姿

事項	指導内容（例示等）	解説表記	キーワード（○）と想定される姿（■）
健康・安全	健康・安全に留意すること	体調の変化などに気を配ること，ボールやラケット，バットなどの用具の扱い方や，ゴールやネットの設置状態，練習場所などの自己や仲間の安全に留意すること，技能の難易度や自己の体力や技能の程度にあった運動をすることを示している。そのため，体調に異常を感じたら運動を中止すること，用具の扱い方や設置の仕方，起きやすいけがの事例などを理解し，取り組めるようにする。	○安全に留意する，状況に合った練習 ■自身や仲間の体調や行動，用具などへの健康・安全に留意する状況

第3学年

事項	指導内容（例示等）	解説表記	キーワード（○）と想定される姿（■）
愛好的態度	球技の学習に自主的に取り組もうとすること	自己や仲間の課題に応じた練習方法を選択する学習などに自主的に取り組むことなどを示している。そのため，上達していくためには繰り返し粘り強く取り組むことが大切であることなどを理解し，取り組めるようにする。	○自主的，課題に応じた選択，繰り返し粘り強く取り組む ■単元全体を通した自主的な姿
公正	相手を尊重するなどのフェアなプレイを大切にしようとすること	単に決められたルールやマナーを守るだけではなく，練習やゲームで求められるフェアな行動を通して，相手や仲間を尊重するなどのフェアなプレイを大切にしようとすることを示している。そのため，ルールやマナーを大切にすることは，友情を深めたり連帯感を高めたりするなど，生涯にわたって運動を継続するための重要な要素となることを理解し，取り組めるようにする。	○ルールやマナーを守る，仲間を尊重する ■結果にかかわらず新たな課題解決につなげる姿 ■ルールやマナーを自ら重んじる姿
参画	作戦などについての話合いに貢献しようとすること	自己やチームの課題の解決の場面で，自己の考えを述べたり相手の話を聞いたりするなど，チームの話合いに責任をもって関わろうとすることを示している。そのため，相互の信頼関係を深めるためには，相手の感情に配慮しながら発言したり，提案者の発言に同意したりして話合いを進めることなどが大切であることを理解し，取り組めるようにする。	○課題解決の場面，感情に配慮する，発言に同意する，責任をもって参加 ■グループの話合いで，配慮する，同意するなどの合意形成に取り組む姿
共生	一人一人の違いに応じた課題や挑戦及び修正などを大切にしようとすること	体力や技能の程度，性別や障害の有無等に応じて，自己の状況に合った実現可能な課題の設定や挑戦を大切にしようとしたり，練習の仕方やゲームの修正に合意しようとすることを示している。そのため，様々な違いを超えてスポーツを楽しむことができる配慮をすることで，スポーツのよりよい環境づくりに貢献すること，違いに応じて配慮の仕方があることなどを理解し，取り組めるようにする。	○状況に合った実現可能な課題の設定や挑戦を大切にする，違いに応じた配慮をする ■自他との関わりの中で，違いを受け入れている姿
協力	互いに練習相手になったり仲間に助言したりして，互いに助け合い教え合おうとすること	練習の際，互いに練習相手になったり，運動観察などを通して仲間の課題を指摘するなど教え合ったりしながら取り組もうとすることを示している。そのため，互いに助け合い教え合うことは，安全を確保したり，課題の解決に役立つなど自主的な学習を行いやすくしたりすることを理解し，取り組めるようにする。	○練習の際，練習相手，運動観察，伝え合う，教え合う ■他者との関わりの中で，伝える，教えるなどの互恵的に関わり合う姿
など（責任）	自己の責任を果たそうとすること	練習やゲームなどで，記録や審判，キャプテンなどの仲間と互いに合意した役割に責任をもって，自主的に取り組もうとすることを示している。そのため，自己の責任を果たすことは，球技の学習を円滑に進めることにつながることや，社会生活を過ごす上で必要な責任感を身に付けることにつながることを理解し，取り組めるようにする。	○自己の責任を果たす，役割に責任をもって取り組む ■練習やゲームにおける役割や責任行動に取り組む姿
健康・安全	健康・安全を確保すること	仲間や相手チームの技能の程度に応じて力を加減すること，ゴール，ネット，ボールなどの用具を目的に応じて使用すること，練習場所の安全を確認しながら練習やゲームを行うこと，気温の変化に応じて準備運動などを十分行うこと，自己の体調や技能の程度に応じて練習することなどを通して，健康を維持したり自己や仲間の安全を保持したりすることを示している。そのため，用具の安全確認の仕方，段階的な練習の仕方，けがを防止するための留意点などを理解し，取り組めるようにする。	○健康を維持する，安全を保持する ■自身や仲間の体調や行動，環境への変化などへの健康・安全確保の状況

F　武道

第1学年及び第2学年

事項	指導内容 （例示等）	解説表記	キーワード（○）と 想定される姿（■）
愛好的態度	武道の学習に積極的に取り組もうとすること	発達の段階や学習の段階に適した課題を設定したり，練習の進め方や場づくりの方法を選んだりする学習などに積極的に取り組むことを示している。そのため，人には誰でも学習によって体力や技能が向上する可能性があるといった挑戦することの意義を理解し，取り組めるようにする。	○積極的，段階に適した課題の設定，練習や場の選択，挑戦する意義の理解 ■単元全体を通した積極的な姿
伝統的な行動の仕方	相手を尊重し，伝統的な行動の仕方を守ろうとすること	武道は，相手と直接的に攻防し互いに高め合う特徴があるため，「礼に始まり礼に終わる」といわれるように，相手を尊重し合うための独自の作法，所作を守ることに取り組もうとすることを示している。そのため，伝統的な行動の仕方を守ることで，自分で自分を律する克己の心に触れることにつながることを理解し，取り組めるようにする。なお，伝統的な行動の仕方の指導については，単に形の指導に終わるのではなく，相手を尊重する気持ちを込めて行うことが大切であることに留意する。	○相手を尊重する，独自の作法や所作を守る ■結果にかかわらず相手を認める姿 ■心を込めて所作を行う姿
責任	用具等の準備や後片付け，審判などの分担した役割を果たそうとすること	練習やごく簡易な試合を行う際に，用具等の準備や後片付け，審判などの分担した役割に取り組もうとすることを示している。そのため，分担した役割を果たすことは，活動時間の確保につながることや，グループの人間関係がよくなることにつながることを理解し，取り組めるようにする。	○練習などの際，分担した役割に積極的に取り組む ■役割を自発的に引き受けたり，引き受けた役割を積極的に果たす姿
共生	一人一人の違いに応じた課題や挑戦を認めようとすること	体力や技能の程度，性別や障害の有無等に応じて，自己の状況に合った実現可能な課題の設定や挑戦を認めようとすることを示している。そのため，武道を行う際は，様々な違いを超えて，参加者全員が楽しんだり達成感を味わったりするための工夫や調整が求められる場合があることなどを理解し，取り組めるようにする。	○自己の状況に合った実現可能な課題の設定や挑戦を認める ■自他との関わりの中で，違いを認める姿
など （協力）	仲間の学習を援助しようとすること	練習の際に，仲間の練習相手を引き受けたり，技の行い方などの学習課題の解決に向けて仲間に助言したりしようとすることなどを示している。そのため，仲間の学習を援助することは，自己の能力を高めたり，仲間との連帯感を高めて気持ちよく活動したりすることにつながることを理解し，取り組めるようにする。	○練習の際，仲間の補助，仲間に助言 ■他者との関わりの中で，補助や助言などの互恵的に関わる姿
健康・安全	禁じ技を用いないなど健康・安全に留意すること	体調の変化などに気を配ること，危険な動作や禁じ技を用いないこと，けがや事故につながらないよう竹刀や畳の状態などを整えること，練習や試合の場所などの自己や仲間の安全に留意することや，技の難易度を踏まえ，自己の体調や技能の程度に応じて技に挑戦することを示している。そのため，体調に異常を感じたら運動を中止すること，竹刀などの用具の扱い方や畳などの設置の仕方及び起きやすいけがの事例などを理解し，取り組めるようにする。	○安全に留意する，状況に応じて技に挑戦する ■自身や仲間の体調や行動，用具などへの健康・安全に留意する状況

第3学年

事項	指導内容 （例示等）	解説表記	キーワード（○）と 想定される姿（■）
愛好的態度	武道の学習に自主的に取り組もうとすること	自己や仲間の課題に応じた練習方法を選択する学習などに自主的に取り組むことなどを示している。そのため，上達していくためには繰り返し粘り強く取り組むことが大切であることなどを理解し，取り組めるようにする。	○自主的，課題に応じた選択，繰り返し粘り強く取り組む ■単元全体を通した自主的な姿
伝統的な行動の仕方	相手を尊重し，伝統的な行動の仕方を大切にしようとすること	単に伝統的な行動の仕方を所作として守るだけではなく，「礼に始まり礼に終わる」などの伝統的な行動の仕方を自らの意思で大切にしようとすることを示している。そのため，伝統的な行動の仕方を大切にすることは，自分で自分を律する克己の心に触れるとともに，人間形成につながることを理解し，取り組めるようにする。	○伝統的な所作を大切にする ■伝統的な所作を自ら重んじる姿

	責任	仲間と互いに合意した役割について自己の責任を果たそうとすること	練習や簡単な試合などで仲間と互いに合意した役割に責任をもって，自主的に取り組もうとすることを示している。そのため，自己の責任を果たすことは，武道の学習を円滑に進めることにつながることや，社会生活を過ごす上で必要な責任感を身に付けることにつながることを理解し，取り組めるようにする。	○自己の責任を果たす，役割に責任をもって取り組む ■練習や簡単な試合における役割や責任行動に取り組む姿
	共生	一人一人の違いに応じた課題や挑戦を大切にしようとすること	体力や技能の程度，性別や障害の有無等に応じて，自己の状況に合った実現可能な課題の設定や挑戦を大切にしようとすることを示している。そのため，様々な違いを超えて武道を楽しむことができる配慮をすることで，武道のよりよい環境づくりに貢献すること，違い応じて配慮の仕方があることなどを理解し，取り組めるようにする。	○状況に合った実現可能な課題の設定や挑戦を大切にする，違いに応じた配慮をする ■自他との関わりの中で，違いを受け入れている姿
	など（協力）	互いに助け合い教え合おうとすること	練習の際に，投げ込みや打ち込みの相手を引き受けたり，見取り稽古などを通して仲間の課題を指摘するなど教え合ったりしながら取り組もうとすることを示している。そのため，互いに助け合い教え合うことは，仲間との連帯感を高めて切磋琢磨するなど自主的な学習を行いやすくすることにつながることを理解し，取り組めるようにする。	○練習の際，練習相手，見取り稽古，伝え合う，教え合う ■他者との関わりの中で，伝える，教えるなどの互恵的に関わり合う姿
	健康・安全	健康・安全を確保すること	禁じ技を用いないことはもとより，相手の技能の程度や体力に応じて力を加減すること，用具や練習及び試合の場所の安全に留意すること，施設の広さなどの状況に応じて安全対策を講じること，自己の体調や技能の程度に応じた技術的な課題を選んで段階的に挑戦することなどを通して，健康を維持したり自己や仲間の安全を保持したりすることを示している。そのため，用具や施設の安全確認の仕方，段階的な練習の仕方，けがを防止するための留意点などを理解し，取り組めるようにする。	○健康を維持する，安全を保持する ■自身や仲間の体調や行動，環境への変化などへの健康・安全確保の状況

G　ダンス

第1学年及び第2学年

事項	指導内容（例示等）	解説表記	キーワード（○）と想定される姿（■）
愛好的態度	ダンスの学習に積極的に取り組もうとすること	発達の段階や学習の段階に適した課題を設定したり，練習の進め方や場づくりの方法を選んだりする学習などに積極的に取り組むことを示している。そのため，人には誰でも学習によって体力や技能が向上する可能性があるといった挑戦することの意義を理解し，取り組めるようにする。	○積極的，段階に適した課題の設定，練習や場の選択，挑戦する意義の理解 ■単元全体を通した積極的な姿
協力	仲間の手助けをしたり助言したりして，仲間の学習を援助しようとすること	練習の際に，仲間の動きの手助けをしたり，学習課題の解決に向けて仲間に助言したりしようとすることなどを示している。そのため，仲間の学習を援助することは，自己の能力を高めたり，仲間との連帯感を高めて気持ちよく活動したりすることにつながることを理解し，取り組めるようにする。	○練習の際，仲間の手助け，仲間に助言 ■他者との関わりの中で，補助や助言などの互恵的に関わる姿
参画	簡単な作品創作などについての話合いに参加しようとすること	イメージを捉えた表現，簡単な作品創作の場面や踊りを通した交流の見せ合う場面で，自らの考えを述べるなど積極的に話合いに参加しようとすることを示している。そのため，意思決定をする際には，話合いを通して，仲間の意見を聞くだけでなく自分の意見も述べるなど，それぞれの考えを伝え合うことが大切であることを理解し，取り組めるようにする。	○交流の場面，仲間の意見を聞く，自分の考えを述べる，積極的に参加する ■話し合いの場面で，考えを伝え合う姿
共生	一人一人の違いに応じた表現や交流の仕方などを認めようとすること	体力や技能の程度，性別や障害の有無等に応じて，自己の状況に合った実現可能な課題の設定や挑戦及び交流の仕方を認めようとすることを示している。そのため，表現や踊りを行う際には，参加者全員が楽しんだり達成感を味わったりするための工夫や調整が求められる場合があることなどを理解し，取り組めるようにする。	○自己の状況に合った実現可能な課題の設定や挑戦を認める ■自他との関わりの中で，違いを認める姿

事項	指導内容（例示等）	解説表記	キーワード(○)と想定される姿(■)
など（責任）	分担した役割を果たそうとすること	練習などを行う際に，音響や小道具などの用具の準備や後片付けなどの分担した役割に積極的に取り組もうとすることを示している。そのため，分担した役割を果たすことは，活動時間の確保につながることや，グループの人間関係がよくなることにつながることを理解し，取り組めるようにする。	○練習などの際，分担した役割に積極的に取り組む ■役割を自発的に引き受けたり，引き受けた役割を積極的に果たす姿
健康・安全	健康・安全に留意すること	体調の変化などに気を配ること，用具や練習場所などの自己や仲間の安全に留意することを示している。そのため，体調に異常を感じたら運動を中止することや，踊る際の音響設備の置き方や，小道具の扱い方やけがの事例を理解し，取り組めるようにする。	○安全に留意する，体力に合った練習量 ■自身や仲間の体調や行動，用具などへの健康・安全に留意する状況

第3学年

事項	指導内容（例示等）	解説表記	キーワード(○)と想定される姿(■)
愛好的態度	ダンスの学習に自主的に取り組もうとすること	自己や仲間の課題に応じた練習方法を選択する学習などに自主的に取り組むことなどを示している。そのため，上達していくためには繰り返し粘り強く取り組むことが大切であることなどを理解し，取り組めるようにする。	○自主的，課題に応じた選択，繰り返し粘り強く取り組む ■単元全体を通した自主的な姿
協力	仲間に課題を伝え合ったり教え合ったりして，互いに助け合い教え合おうとすること	練習や動きを見せ合う発表などの際に，仲間の動きをよく見たり，互いに課題を伝え合ったり教え合ったりしながら取り組もうとすることを示している。そのため，互いに助け合い教え合うことは，安全を確保したり，課題の解決に役立つなど自主的な学習を行いやすくしたりすることを理解し，取り組めるようにする。	○練習や発表の際，伝え合う，教え合う ■他者との関わりの中で，伝える，教えるなどの互恵的に関わり合う姿
参画	作品創作などについての話合いに貢献しようとすること	作品創作や練習や発表・交流などの話合いの場面で，自己やグループの課題の解決に向けて，自己の考えを述べたり，相手の話を聞いたりするなど，グループの話合いに責任をもって関わろうとすることを示している。そのため，相互の信頼関係を深めるためには，相手の感情に配慮しながら発言したり，提案者の発言に同意したりして話合いを進めることなどが大切であることを理解し，取り組めるようにする。	○グループの話合い，感情に配慮する，発言に同意する ■グループの話合いで，配慮する，同意するなどの合意形成に取り組む姿
共生	一人一人の違いに応じた表現や交流，発表の仕方などを大切にしようとすること	体力や技能の程度，性別や障害の有無等に応じて，自己の状況に合った実現可能な課題の設定や挑戦を大切にしようとしたり，練習や交流及び発表の仕方の修正に合意しようとしたりすることを示している。そのため，様々な違いを超えて踊りを楽しむことができる配慮をすることで，ダンスのよりよい環境づくりに貢献すること，違いに応じた配慮の仕方があることなどを理解し，取り組めるようにする。	○状況に合った実現可能な課題の設定や挑戦を大切にする，違いに応じた配慮をする ■自他との関わりの中で，違いを受け入れている姿
など（責任）	自己の責任を果たそうとすること	練習や交流会などで，仲間と互いに合意した役割に責任をもって自主的に取り組もうとすることを示している。そのため，自己の責任を果たすことは，ダンスの学習を円滑に進めることにつながることや，社会生活を過ごす上で必要な責任感を身に付けることにつながることを理解し，取り組めるようにする。	○自己の責任を果たす，役割に責任をもって取り組む ■練習や交流会における役割や責任行動に取り組む姿
健康・安全	健康・安全を確保すること	踊りの用具を目的に応じて使用したり，気温が高いときは適度な水分補給や休息を取るなど必要に応じて安全対策を講じたりすることなどを通して，健康を維持したり自己や仲間の安全を保持したりすることを示している。そのため，用具の安全確認の仕方，段階的な練習の仕方，けがを防止するための留意点などを理解し，取り組めるようにする。	○健康を維持する，安全を保持する ■自身や仲間の体調や行動，環境への変化などへの健康・安全確保の状況

5 効果的なみとりの工夫と具体例

「理解し，取り組めるようにする」ための
反転授業を取り入れた実践例

▶ 本多壮太郎

1 概要

　第4節では，「学びに向かう力，人間性等の各領域及び項目の解説表記に基づき，想定される生徒の姿」が示された。また，解説には全ての項目に対して「～を理解し，取り組めるようにする」と表記されており，授業づくり及び実践では，理由や意義，価値の理解に基づいた姿が表出するような工夫とみとりの機会の確保が求められる。本節ではその具体例として，反転授業を取り入れた授業展開に着目する。生徒が学びや課題への取組の見通しをもち，意欲的に授業に取り組み，また，教師が生徒一人一人をみとる機会を保証し，「学びに向かう力，人間性等」の涵養を図る実践例について紹介する。

2 反転授業とは

　反転授業（Flipped classroom）は，オンラインと対面を組み合わせたブレンド型学習の一形態と位置付けられる（バーグマン・サムズ，2014，p.7）。2000年代後半にバーグマンとサムズが火付け役となって草の根で広まった反転授業は，授業（インプット）→復習といった従来の流れを反転（Flip）させ，予習→授業（アウトプット）という流れを中心とした学習を図るものである。反転授業が勧められる理由として，バークマンとサムズ（2014，pp.53-75）は，「つまずいている生徒を助ける」「さまざまな学力の生徒の能力を伸ばす」「生徒が先生を『一時停止』『巻き戻し』できる」「生徒と教師のインタラクションを増やす」「生徒に対する理解を深める」「生徒同士のインタラクションを増やす」「真の個別化をもたらす」等を挙げている。

　日本では2012年ごろから高等教育での実践が始まり，続いて初等・中等教育のICT活用先進校での導入がみられ始める。その後，2020年1月以降の国内での新型コロナウイルス感染症の拡大によりGIGAスクール構想が前倒しに推進され，1人1台のICT端末と高速大容量の通信ネットワークが整備されるようになると，反転授業を取り入れる学校や教師が増え，多くの実践が紹介されるようになった。

　反転授業と似た用語に反転学習（Flipped learning）がある。これは，反転授業の発展型であり，「直接指導を集団学習の場から独習の場へと移し，その結果として集団学習の場を，動的で双方向型の学習環境へ変容させる教育アプローチのこと。その学習環境においては，生徒が教師のサポートのもと，学習概念を応用し，創造的かつ主体的に学びの内容に取り組んでい

く」と説明されている（バーグマン・サムズ，2015，p.33）。反転授業及び反転学習は，決まったプロセスや唯一のやり方に従うものではなく，プロジェクト学習や探求学習とつなげたり，教員一人一人が生徒の実態に合わせ，自分なりの強みを生かしカスタマイズしたりできるものである（バークマン・サムズ，2014，p.38，2015，pp.34-35）。

3 反転授業を取り入れた「学び…」に関する項目・内容をみとる授業の工夫

　中学校以降，「学びに向かう力，人間性等」は全ての項目において，「〜を理解し，取り組めるようにする」と解説されていることに留意しておく必要がある。つまり，それぞれの項目の内容は，具体的な行動の仕方や方法を学び，それらを行うだけでは十分とは言えない。ましてや，生徒が「先生が言うから」「そうしないと怒られるから」「そうしないと成績が下がるから」といった受け止め方で行うようにするようなことがあってはならない。「なぜそうすることが大切なのか」といった意味や理由，「そうすると自分たちに何がもたらされるのか」といった意義の理解に基づいた行動がとれるように涵養を図っていく必要がある。

　しかしながら，限られた授業数や授業時間の中で生徒に対してそのような理解を図り，行動できるようにしていくこと，そのためのみとりを行っていくのは簡単なことではない。だからこそ，単元の中での主体的に学習に取り組む態度のどの項目をどの時間でみとるのかを，指導機会と関連させながら評価計画として位置付け，実現可能なみとりを実施していくことが大事となる。また，単元や授業を計画していくに当たっては，みとる機会や時間が確保できるように仕組んでいくことも大事である。その際，反転授業を取り入れることでそれがやりやすくなるものと思われる。以下では，「学びに向かう力，人間性等」の「共生」，「協力」，「公正」を取り上げ，反転授業の導入例を紹介していく。

(1)「共生」の例

　第2学年の武道・剣道の授業で，「様々な違いを超えて，参加者全員が楽しんだり達成感を味わったりするための工夫や調整が求められる場合があることなどを生徒が理解し，『自他との関わりの中で，違いを認める姿』」が現れるよう反転授業を仕組む。

　授業で修正ルールによる試合を行ったとする。1試合目の対戦の後，負けた生徒は勝った生徒に修正ルール（例：勝ったほうはフェイント禁止）を提案し，合意が得られたらそのルールで2試合目を行う。この「アダプテーションゲーム」の方法により，生徒間の技能差などを超えて仲間と熱く，楽しく対戦する。この授業と次の授業の間に，反転授業として生徒の端末に以下のような事前学習の内容を配信する。

前回の授業では，多くの人が体格や経験などの違いを超えて互いに本気になって戦い，楽しむ姿が見られました。皆さんが撮影した試合をいくつか例として配信していますので，そちらも視聴してください。様々な違いを超えて，全員が楽しんだり達成感を味わったりするためには，試合で得られた技術や戦術の課題を改善していくだけでなく，次の点が大切であることを理解してください。

様々な違いを超えて，全員が楽しんだり達成感を味わったりするためには工夫や調整が求められる場合がある。

このことを理解，実践していくことでもっと熱く，クラス全員が試合を楽しんでいけるでしょう。次回の授業では，チームに分かれての練習の後，様々な仲間と試し合いながらさらなるルールの工夫を行っていきます。具体的な授業の流れ，各チームの活動場所や練習の進め方については別に配信したシートの通りです。予め把握して，授業ではスムーズに練習に入れるようにしてください。また，自分がどのような練習をするのかチームの仲間にわかりやすく説明できるように準備ください。

　上記については，次の授業の際にモニターやスクリーン等にも映し出し，授業が始まる前に生徒が確認したり，事前に学習してこなかった生徒が理解したりできるようにしておく。このような事前学習を仕組むことで，実際の授業での教師の説明時間を減らし，その分，生徒が「自他との関わりの中で，違いを認め合って試合やルールの工夫を行っているか」をみとることや個々のチームや生徒への指導や支援に費やすことができる。

　この1回の反転授業やその後の授業だけで，全ての生徒の理解が図られ，期待する姿が現れるほど現実は甘くはない。単元計画の中の次の指導機会や評価機会と照らし合わせ，共生に関するさらなる反転授業を以下のように仕組むことができる。

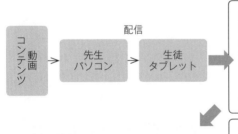

試合のルールについて様々な工夫が行われています。剣道部員の○○さんと授業でしか剣道をしたことがない○○さんが，互いに本気で互角の試合を行っているのは感動的でした！その試合の様子を配信していますので視聴してください。これは単にルールを工夫したからだけではないはずです。その根底には何があるのでしょうか？それは…

自分と異なる他者との違いを認め，他者の考えを尊重する態度や関わり方。

相手の気持ちに寄り添い，自分だけでなく共に楽しもうとする態度や関わり方。

次の授業にはこのことを理解してルールの決定や試合という「試し合い」にのぞみましょう。試し合った結果，違いが埋まらず50：50にならなかったり，逆の差がついてしまったりする場合もあるでしょう。それは仕方ありません。大切なのは「楽しみ方を共有する」ことです。次回の授業は，修正ルールによる試合を団体戦形式で行います。誰と誰の試合がどのようなルールでどのように繰り広げられるのか応援しながら観察しましょう。団体戦といっても優劣のつけ合いではなく，様々なルールにより「試し合う」ものです。具体的な授業の流れ，団体戦の対戦順や進め方，対戦場所ついては別に配信したシートの通りです。こちらについても予め把握して，スムーズに試合が始められるようにしてください。

1回目の反転授業と同じく，教師が生徒の「自他との関わりの中で，違いを認める姿」をみとり，必要に応じた指導や支援の機会を確保するための例である。評価機会の最後のタイミングや単元末の総括的評価の段階であるならば，この授業での生徒の姿が評価のための判定材料となる。

⑵「協力」の例

　第2学年の器械運動・マット運動の授業で，「仲間の学習を援助しようとするとは，自己の能力を高めたり，仲間との連帯感を高めて気持ちよく活動したりすることにつながることを理解し，『他者との関わりの中で，補助や助言などの互恵的に関わる姿』」が現れるよう反転授業を仕組む。

　授業において，グループに分かれて教え合い学習を展開し始める段階で，事前学習の内容を以下のように配信する。

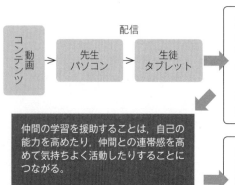

配信

次の授業より○時間目のベストショット撮影会に向けたグループ活動が始まります。自分たちが選択したプログラムの達成に向けて自力で努力するだけでなく，仲間とともに協力して，成長していくために，互いの補助やアドバイスを伴った練習が必要です。互いに助け合い，高め合う活動を展開していくにあたって次の点を理解しておいてください。

このことを理解し，実践していくことで，楽しく，安全に技を追求していくことが可能になります。参考となる動画を配信していますので，事前に確認し，補助の仕方やアドバイスの視点も理解したうえで次の授業にのぞんでください。

　このような反転授業を仕組むことで，クラス全体への補助やアドバイスについての示範や説明の時間を減らし，その分，各グループの活動の中で「互いに助け合い，高め合おうと協力し合っているか」をみとることや個々のグループや生徒への指導や支援に費やすことができる。

　ここでも，この1回の反転授業やその後の授業だけで期待する姿が涵養されていくわけではない。単元計画の中の次の指導機会や評価機会と照らし合わせ，「協力」に関するさらなる反転授業を以下のように仕組むことができる。

配信している動画を視聴してください。○○グループの活動の様子です。

互いのサポートやアドバイスが安全かつ効果的に行われ，雰囲気のいい活動が行われていることがわかると思います。このように，それぞれの目標に向かって互いに支え合う集団は「グループ」と言うより「チーム」と言えるでしょう。○時間目の前の○月○日に配信した内容をもう一度確認しましょう。

仲間の学習を援助することは，自己の能力を高めたり，仲間との連帯感を高めて気持ちよく活動したりすることにつながる。

動画で紹介したチームのように素晴らしいチームワークを発揮しながら次の授業にのぞんでください。尚，アドバイスを行うにあたって，「どこを見ていけばいいのかわからない」「何を伝えればいいのかわからない」といった声も聞かれています。もっともな意見です。逆に，アドバイスをもらう側が「こういうところを見て」「ここができているか確認して」と先に伝えてあげればいいと思います。自分が見てほしい，確認してほしい点がわかっている人は，配信しているアドバイスシートにそれらを記入しておいてください。こうすることでより一層，皆さんの活動が楽しく，気持ちよく行えるようになるでしょう。

　1回目の反転授業と同じく，教師が生徒の「他者との関わりの中で，補助や助言などの互恵的に関わる姿」をみとり，必要に応じた指導や支援の機会を確保するための例である。

　上記の2つの反転授業は，教師から生徒に理解させたい内容を事前に配信する知識提供型の例である。以下では，反転授業を行う後の実際の授業の中で，教師の問いかけやヒント，生徒間の対話などを通して生徒が理解させたい内容に気付いていき，教師がその後の生徒の行動をみとっていく知識構成型の例を紹介する。

⑶「公正」の例

　第1学年の球技・バレーボールの授業で，「ルールやマナーを守ることで球技独自の楽しさや安全性，公平性が確保されること，また，相手や仲間のすばらしいプレイやフェアなプレイを認めることで，互いを尊重する気持ちが強くなることを理解し，『結果にかかわらず相手を認める姿やルールやマナーを守りフェアに競う姿』」が現れるよう反転授業を仕組む。

　授業の前に，スポーツ選手や同世代の生徒が競技の中でフェアに競い合ったり，他者に手を差し伸べたり，互いに健闘を称え合ったりしている姿が出てくる動画や記事などを以下の内容とともに事前に配信する。

配信

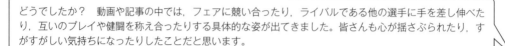

次の授業では（でも）ゲームを行いますが，その前にまずは配信している動画を視聴し，記事をよく読んでください。

どうでしたか？　動画や記事の中では，フェアに競い合ったり，ライバルである他の選手に手を差し伸べたり，互いのプレイや健闘を称え合ったりする具体的な姿が出てきました。皆さんも心が揺さぶられたり，すがすがしい気持ちになったりしたことだと思います。

次の授業ではゲームの前に以下の点について考えたり，話し合ったりする時間を設けます。「ルールを守ることはなぜ必要なのでしょうか？」「ルールを守ることで競技をどのように進めていくことができるのでしょうか？」「審判や相手（チーム）に敬意を払うのはどうして大切なのでしょうか？」「敵味方なくよいプレイを認め，称え合ったり，相手に寄り添った行動をとったりすることはどうして大事なのでしょうか？」「仲間や相手のすばらしいプレイやフェアなプレイを認めることで，お互いに対してどのように気持ちになっていくでしょうか？」

上記の中から2つ以上選んで別に配信しているシートのそれぞれの枠内に自分の考えを記入しておいてください。次回の授業でグループに分かれて互いの考えを紹介し合いたいと思います。

　実際の授業では，生徒が予め考え，記入してきた内容を端末の画面上でグループが共有しながら話合いを進められるようにする。教師はグループで話し合った結果を発表させたり，端末の画面上でクラス全体が共有できるようにしたりしながら，生徒がそれぞれの考えを整理・統合し，公正の理由や意義についての概念を構成していけるように支援していく。反転授業→授業をこのように仕組むことで，生徒が互いに意見を交わし合う活動を効率よく進めていくことができるとともに，その分，概念の構成やその後のゲームの時間を確保することができる。ひいては，教師が「結果にかかわらず相手を認め合っているか，ルールやマナーを守りフェアに競い合っているか」をみとることや個々のチームや生徒の指導や支援に費やすことができる。

4　おわりに

　前述の通り，反転授業に決まったプロセスや方法はない。唯一存在するのは「教師が生徒と顔を合わせる時間を最大限に生かすためには，その時間をどんなふうに使うべきだろうか？」という「ワン・クエスチョン」である（バーグマン・サムズ，2015，p.28）。反転授業の実施は最初の段階では教師の負担が大きくなることが予想される。それぞれの学校のICT環境や他教科における生徒の取組，単元構成，生徒の学習状況，自身のICT活用力等と照らし合わせて，自分なりのやり方を実践していく中で生徒が「〜を理解し，取り組める」ようになるために，教師が一人一人へのみとりを積み重ねていけるように発展させていけばよいのではないだろうか。ここで紹介した実践例がその助けになれば幸いである。

6 効果的な評価方法の工夫と具体例

テキストマイニング　データの活用

▶中島　寿宏

1 文章から情報を発掘するテキストマイニング

　数値で示されたデータの分析とは異なり，人々の口頭での発話の内容や記述した内容といった言葉・文章を分析対象とする方法は，その取り扱い方，結果の捉え方，説明の仕方に大きな難しさがある。発話や記述では，それぞれの単語や語句のもつ意味が，1つだけではなく，読み手の受け取り方や感じ方によってその意味合いや解釈に違いが生まれてしまうことがある。また，発話や文章の表面には見えていない真意を汲み取るといった「行間を読む」という表現があるように，前後の文脈によって発話や文章の意味合いがまったく異なってしまうということも起こり得る。このように，発話や文章を分析することについては，「言葉」自体に意味が多くあることに加えて，状況や流れによっても意味が変化するため，常に曖昧性を含んだ難しさが存在する。

　近年，発話や文章の分析において，「テキストマイニング（text mining）」という方法が広く活用されるようになってきている。膨大なデータの中から有益な情報を取り出す「データマイニング（data mining）」という技術があるが，このテキストマイニングは特に文字列の分析に特化したデータマイニングの一種である。テキストマイニングとは，多くの文章（テキスト）の中から役立つ情報を発掘（マイニング）することで，定型化されていない多くのテキストデータを解析し，整理することによって，使用されている様々な語句の出現頻度，語句同士の相関関係，語句の前後でのつながり，文章の系列性などを定量的に分析する方法のことである。文章を客観的に分析することを目指した手法は以前から多種多様に存在していたが，1990年代以降の PC の普及と，それに伴う解析ソフトウェアの開発によって，デジタルデータを扱うテキストマイニングが一般にも広く知られるようになった。テキストマイニングでは，膨大な文章データの中からある種の傾向の抽出，文章全体の肯定性や否定性の把握，様々な要素・要因間のつながりの可視化，時系列での移り変わりの様子のみとりなどが可能となる。当然ながら，「行間を読む」といった発話・文章の裏に隠された意味を読み取ることはテキストマイニングではできないが，逆に統計的な手法を用いることで同一データを同じ作業で分析すれば，その結果は同じになるという信頼性がある。最近では，音声データからテキストデータに変換する技術の急速な発展によって，自然言語の処理が非常に簡易に実行することができるようにもなっており，膨大なデータ量をもつビッグデータを分析対象とするのが一般的となってきている。

2 様々な分野でのテキストマイニングの活用

テキストマイニングの技術はすでに多くの分野で活用されているが，最も活発に使用されてきたのはビジネスの分野である。ビジネスにおける経営戦略や営業戦略を検討する上で，数値としては現れにくい顧客の興味や嗜好を抽出するため，企業ではテキストマイニングの技術を積極的に利用している。例えば，企業のコールセンターといった直接的に顧客たちとやり取りをするような部署では，日々顧客との活発な言葉によるコミュニケーションが行われ，そのプロセスにおいて膨大な会話データが集積されている。顧客たちから寄せられる様々な要望や意見をテキストデータとして蓄積し，テキストマイニングを用いて分析することによって，企業はアクセスしてくる人々が求める商品への価値観の傾向を抽出・把握し，ニーズに合わせた商品開発や営業方法を考える材料としている。コールセンターへのクレームについては，その内容や傾向を分析しクレームが顕在化・深刻化する前に中心的な問題を洗い出し，具体的な対策を打つことによって，事前にクレームの発生を防ぐことも可能になる。

また，ビジネスでテキストデータを活用している別の例として，SNSのテキストマイニングが挙げられる。SNS上では日々，膨大なつぶやきや口コミのコメントが蓄積されていくが，その中から特定のキーワードに関連するテキストデータを抽出し，その語句の使用のされ方を分析することで，世の中の動向を大まかに把握したり，特定の対象への好嫌を捉えたりすることが可能となる。

ビジネス以外でも，テキストマイニングの技術は医療現場，特に看護学の分野で積極的に活用されている。看護学のように人を対象としてチームで支援を行う分野の研究において，対象となる患者たちの実態を様々な面から捉えて，適切な手立てを総体的に検討する必要性がある。そのため，数値のみではなかなか表すことができない個々人の感情，好嫌，考え方，性格といった質的な部分を言語的素材としてテキストデータ化し，テキストを量的に分析することによって，最適な看護支援を見つけ出したり実践したりすることにつながる。医学的な知見による診断・治療だけではなく，日常生活上で必要な事柄がどのように存在しているかを考察し，個別的に最善・最適の看護支援を提供することが重要である。

さらに，教育の分野でもこのテキストマイニングの技術が多くの場面で利活用されるようになってきている。最近では，小学校や中学校の授業で児童生徒がPCに打ち込んだ学習の振り返りなどの記述内容を教師が一括で管理・集計し，テキ

図1　屋外の体育授業でPCを操作する小学生

ストマイニングによって分
析・可視化することで，学
級の中の児童生徒全体の意
識の様子を把握するための
1つの側面として利用する
という報告も多くみられる
ようになってきた。これま
で，教師個人の経験知，勘，
感覚として捉えてきたとこ
ろもある学級全体の学習の

図2 テキストデータの収集と可視化

雰囲気や状態について，児童生徒が記述した文章を量的分析によってわかりやすい形に整理し，
把握することで教師は学習指導や授業の見直しに役立てることができる。特に，GIGA スクー
ル構想による1人1台端末の整備が進んでいる現在では，小学校時代から児童たちは授業でタ
ブレット PC などを使ったテキストでのやり取りなどを日頃から行っており（図1），中学
校・高等学校でも生徒たちの記述がデジタルデータとして簡単に蓄積することができるように
なっている。以前に比べて学習の振り返りなどのテキストデータの蓄積が多く，教師も児童生
徒自身でもテキストマイニングによるデータ分析が手軽に行えるようになっている（図2）。

3 テキストマイニングを活用した授業の評価方法への工夫の例①
学級の状態を捉える

　テキストマイニングは，特定の個人を対象とした少ないデータでの分析という使い方には不
向きである。そのため，個人の学習評価を目的として学習カードの記述内容を分析するといっ
た使い方は難しいと考えられる。しかしその一方で，テキストマイニングはある一定の集団を
対象として収集されたデータや不特定多数から収集されるビッグデータなどの中に隠れている
傾向や特徴を抽出するには非常に有用な手法である。そのため，学級の全体としての学習の流
れや傾向を教師や児童生徒が捉え，指導や学習に役立てることが可能である。学習評価には，
児童生徒が自らの学びを振り返ることで次の学びに向かうことができるようにするという機能
と，児童生徒の学習状況を的確に捉えることで教師が自身の指導の改善を図るという機能があ
る。テキストマイニングによって学級集団全体の状態を可視化することで，教師は授業改善に
役立てることができ，児童生徒は学習活動の状態を見直すきっかけとすることができるだろう。
　例えば，図3は中学校1年生のダンス（現代的なリズムのダンス）単元2時間目終了時に，
生徒たちが学習カードに記述した学習の振り返りについて，学級全員分のデータをテキストマ
イニングした結果の一部である（NVivo（QSR International）を使用）。左側の語句がランダ

ムに配置されている図は「ワード・クラウド」という生徒全員の記述全体の中で使用された語句の回数をカウントし，文字の大きさでその頻度を大まかに表したものである。また，右側の表は語句の出現回数のランキングであり，使用された回数の順位を示している。このダンスの授業では「自分」「恥ずかしさ」「自信」といった語句が振り返り記述の中で多く使用されていることがわかる。また，図4は「ワード・ツリー」と呼ばれる，語句の前後の文章の流れを出力した図であり，どのような文脈の中でその語句が使用されているかについて確認できる。この中学校でのダンスの授業では生徒の記述で最も出現回数が多かった「ダンス」という語句の前後に着目すると，「恥ずかしがらず－ダンス」「意見なども結びつけながら－ダンス」「ダンス－に－自信をもつ」「ダンス－を－

やる。恥ずかしがらない」「ダンス－を－工夫する」「ダンス－を－楽しむこと」といった文章の流れがあり，全体的にダンスにポジティブに取り組もうとする生徒たちの様子が窺える。また，同様に「自分」という語句の前後では「恥ずかしがらずに，－自分」「自分－でできることを最大」「自分－に自信を－もち」「自分－らしさを出せるよう」といったように，学級の雰囲気としてダンスの学習活動に積極的に参加しようとする愛好的態度が現れていると推察できる。さらに，「みんな」という語句の前後の文章の流れについてワード・ツリーを出力して確認すると，「みんな－からの意見を取り入れる」「みんな－が－できるような」「みんな－が－楽しく踊れる」「みんな－で協力して」といった，協力してダンスに取り組もうとする生徒が存在していることが窺える。前述したように，生徒個人の学習評価に直結させることはできないが，語句の出現回数や前後の文章のつながりを可視化することで，授業を担当する教師は学級全体の学習

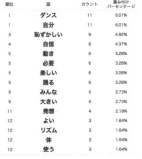

順位	語	カウント	重み付け パーセンテージ
1	ダンス	11	6.01%
1	自分	11	6.01%
3	恥ずかしい	9	4.92%
4	自信	8	4.37%
5	動き	6	3.28%
5	必要	6	3.28%
5	楽しい	6	3.28%
5	踊る	6	3.28%
9	みんな	5	2.73%
9	大きい	5	2.73%
11	発想	4	2.19%
12	よい	3	1.64%
12	リズム	3	1.64%
12	体	3	1.64%
12	使う	3	1.64%

図3 ワード・クラウドと語句出現回数順位の出力

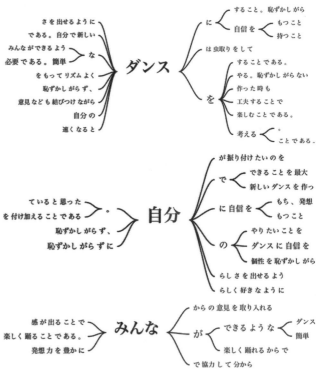

図4 「ダンス」「自分」「みんな」のワード・ツリー

の状態を捉える助けを得ることができ，その後の授業づくりや授業をよりよくするための具体を検討する機会とすることが可能となる。また，テキストマイニングを用いて学級全体の状態を大まかに捉えることは，その学級の個人個人の生徒がどのように学習に取り組んでいるかを読み取る際の参考にすることも可能である。

4 テキストマイニングを活用した授業の評価方法への工夫の例② 学級の変容を捉える

　授業についてテキストマイニングを用いて現状把握と時系列での変容の把握の両面からアプローチすることで，さらなる授業の把握や改善に役立てることもできる。

　例えば，図5は中学校2年生の球技・ネット型・バドミントンの単元（全6回）における，それぞれの授業での教師の発話内容と生徒たちの振り返りの記述内容をテキストマイニングによって可視化したものである（NVivoを使用）。教師の発話については録音した音声データを専用アプリによって自動的に書き起こした上でテキストマイニングを行いワード・クラウドを出力した。生徒たちは学習内容について振り返ったことを，教師が用意したオンラインでのフォームに授業で使用しているタブレットPCから書き込んだ。まず，教師の授業での声かけと生徒たちの振り返りを示すワード・クラウドの縦の関係を見ることで，教師は自身が意図したように生徒たちが学習課題や学習活動に取り組んでいたかが確認できる。また，教師自身の声かけの内容がどのような傾向であったかのか，さらに，その教師による声かけは生徒たちが授業目標を達成するために機能していたかどうかについても確認することができる。次に，ワード・クラウドの横の関係を見ることで，単元の流れの中で教師からの声かけを受けながら生徒たちの学習の状態がどのように変容していったかを確認することができる。図5の例では，単元序盤はシャトルを「打つ」という課題の発生から「打つ」技能を中心として課題の多様化・細分化の様子が見られる。単元中盤では「相手」という課題が生まれていることや「試合」を意識した課題，「よい」ところへの意識などに変容していっていることもわかる。単元終盤で

図5　バドミントン授業での教師の発話と生徒の記述についてのテキストマイニング

は「自分」や「グループ」の課題で「良い」と感じる場面があること，「楽しい」という感覚などが出現している様子が見られる。このように，データを組み合わせて分析することで，単元全体をより俯瞰的に捉えることでき，教師は自身の授業を評価しながら見直しのための具体的な方法を検討することが可能となる。

5 テキストマイニングを活用した授業の評価方法への工夫の例③ 構成要素を抽出する

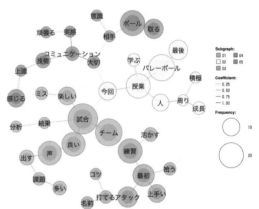

図6　バレーボール授業における 振り返り記述内容の共起ネットワーク

テキストマイニングでは，児童生徒の振り返りの内容について，共起ネットワークを出力し，語句相互のつながりから全体の構成要素を抽出することも可能である。児童生徒の意識の構成要素が，授業者が計画・意図したものになっているかを確認する上で，非常に有効に活用することができる。

例えば，図6は中学校2年生のバレーボール授業における生徒たちの学習の振り返りを，テキストマイニングによって共起ネットワークを出力したイメージ図である（KHコーダーを使用）。この授業では，生徒たちは学習を大まかに5つの要素で振り返っていたことが読み取れる。技能課題への意識，試合に取り組むチーム内の仲間関係，伝える・伝わることの大切さ，練習に取り組む姿勢といったように，それぞれの語句が強くつながっている部分から，生徒たちの学習を構成する各要素を視覚的に抽出することができる。特に目視による観察では難しさのある，生徒が「何をしようとしていたか」については，語句の集合による生徒の意識の構成要素から確認できる部分も多くある。このような方法によって，教師はこの学級の状態をより大きく眺め，自身の授業計画とのズレがないかを確認したり，生徒たちの課題がどこにあるのかを確認したりすることで，さらなる授業改善を図るきっかけを得ることとなる。

ここで紹介した事例のように，テキストマイニングは個人の学習評価のように微視的な捉えには不向きではある。また，もちろんデータを単眼的見方で鵜呑みにして，目の前の児童生徒をしっかりとみとらずに，わかったつもりになることがあってはならない。テキストマイニングは，教師が授業全体の状態や流れを鳥瞰して包括的に捉えるための情報を抽出できる可能性をもつ技術であることを踏まえる必要がある。結果について適切な利活用の仕方を心がけることで，テキストマイニングによって教師は授業をマクロ的視点から状態を把握することが可能となり，その後の授業改善のための大きな助けとなる。

第2章

豊富な事例で
よくわかる！
具体的な評価

1

第1学年（7時間）

協力が高まる教材の工夫 − 非競争的な領域 − とみとりの実際

「主体的に取り組む態度」の評価の重点 協力

内容のまとまり 第1学年及び第2学年「A　体つくり運動」

▶ 清田　美紀

1 単元の目標

(1)次の運動を通して，体を動かす楽しさや心地よさを味わい，体つくり運動の意義と行い方，体の動きを高める方法などを理解し，目的に適した運動を身に付け，組み合わせることができるようにする。

ア　体ほぐしの運動では，手軽な運動を行い，心と体との関係や心身の状態に気付き，仲間と積極的に関わり合うことができるようにする。

(2)自己の課題を発見し，合理的な解決に向けて運動の取り組み方を工夫するとともに，自己や仲間の考えたことを他者に伝えることができるようにする。

(3)（体つくり運動に積極的に取り組むとともに），仲間の学習を援助しようとすること，（一人一人の違いに応じた動きなどを認めようとすること），（話合いに参加しようとすること）（など）や，健康・安全に気を配ることができるようにする。　　＊（　）内はほかの単元で指導

2 単元の評価規準

知識・技能		思考・判断・表現	主体的に学習に取り組む態度
知識	技能		
①体つくり運動の意義には，心と体をほぐし，体を動かす楽しさや心地よさを味わう意義があることについて，言ったり書き出したりしている。（意義） ②体ほぐしの運動には，「心と体の関係や心身の状態に気付く」，「仲間と積極的に関わり合う」というねらいに応じた行い方があることについて，具体例を挙げている。（行い方） ③体の動きを高めるためには，安全で合理的に高める行い方があることについて，具体例を挙げている。（行い方）	※体つくり運動では，技能は運動として示されており，技能の評価は行わない。なお，扱った学習内容は次のとおり。 〈学習内容〉 ・リズムに乗って心が弾むような運動を行うこと。 ・緊張したり緊張を解いて脱力したりする運動を行うこと。 ・仲間と協力して課題を達成するなど，集団で挑戦するような運動を行うこと。	①体ほぐしの運動で，「心と体の関係や心身の状態に気付く」，「仲間と積極的に関わり合う」ことを踏まえてねらいに応じた運動を選んでいる。（課題選択） ②学習した安全上の留意点を，他の学習場面に当てはめ，仲間に伝えている。（安全）	①仲間の補助をしたり助言したりして，仲間の学習を援助しようとしている。（協力） ②健康・安全に留意している。（健康・安全）

3　単元構造図

	1	2	3	4	**5**	6	7

出席確認、健康把握、準備運動　／　出席確認、健康把握、準備運動

○オリエンテーション
・学習の行い方や進め方の確認

○体ほぐしの運動
・リズムに乗って心が弾むような動きを音楽に合わせて行う
→主にグループで行う

○体ほぐしの運動
・ペアでストレッチ
・タオルを使った運動
→主にペアで行う

○体ほぐしの運動
・グループ縄跳び
・大縄跳び
→グループの目標を立て合いながら行う

○体ほぐしの運動
・バスタオル・バス
・マシュマロ・リバー
→グループの目標、意見を出し合いながら行う。達成に向け、意見を出し合いながら行う

○体ほぐしの運動
・グループのねらいに合った運動を選んで行う。
→グループごとに「気付き」「関わり合い」のどのねらいをテーマにするか決め、そのねらいに合った運動を選んで行う。

○10分の運動メニューを自分が高めたい動きについて学習してきたこと、これまで学習してきたことを踏まえて、10分間の運動の計画を立てる

（中段）

○体つくり運動の意義
・体ほぐしの運動、体の動きを高める運動の意義について確認する

○安全に行うための留意点を確認する

○協力することと、汎用的な知識の理解と具体的な行動の仕方の確認

○仲間の学習を援助する行動の仕方について確認する

○前時の学習を振り返り、ポイントを確認する

○課題を選択する

（下段）

○今の自分の体の状態を確かめる
・ペアで行う
①前屈十手を組む
②テスト→③変化を確かめる
・気付きを交流する

○体の柔らかさを高める運動、巧みな動きを高める運動、それぞれの行い方のポイントを確認し、運動を行う

○力強い動きを高める運動＋動きを持続する運動、それぞれの行い方のポイントを確認し、運動を行う

○安全確保に必要なことについて、気付いたことを出し合い、全体で確認する

○高めたい動きを1つ決め、高めるための組合せについて理解する

○力強い動き＋動きを持続する運動を行う

○1つの動きを反復して行う方法について確認する（体の柔らかさを高める運動、巧みな動きを高める運動）

○高めたい動きを1つ決め、高めるための組合せについて理解する

○回数や運動時間を設定して行う

○1つの動きについて選び、1つの動きを反復して計画を立てる

○ペアで互いに気付きを伝え合いながら運動メニューを行う

○グッドプラクティスを選出する

○高めたい動きを1つ決め、高めるための組合せについて理解する

○回数や運動時間を設定して行う方法について確認し、運動を行う（力強い動きを持続する能力を高める運動）

○ペアでアドバイスをしながら、運動メニューを行う

○ペアでアドバイスをしながら運動メニューを行う

○グッドプラクティスを選出する

○整理運動、学習の振り返り

評価（下部マトリクス）

	1	2	3	4	5	6	7
知識	知①意義	知②行い方		知③行い方			総括的な評価
思・判・表	①意義	②行い方	②安全	③行い方	思②安全 ／ 思①課題選択	①課題選択	
態度		態②安全	態①協力		②安全 ／ ①協力		

学習の流れ　／　評価

（左縦軸）10　20　30　40　50

4 学びに向かう力，人間性等の指導の工夫マップ

解説の表記（学年：1・2，領域：体つくり運動，態度の内容：協力）

仲間の学習を援助しようとするとは，運動を行う際，仲間の体を支えたり押したりして補助したり，高めようとする動きなどの学習課題の解決に向けて仲間に助言しようとすることなどを示している。そのため，仲間の学習を援助することは，自己の能力を高めたり，仲間との連帯感を高めて気持ちよく活動したりすることにつながることを理解し，取り組めるようにする。

概念知（する意味）

自己の能力を高めたり，仲間との連帯感を高めて気持ちよく活動したりすることにつながっていくため

具体知（何をするのか）

〇「補助し合う」
→運動を行う際に，仲間の体を支えたり押したりして，活動しやすいように補助をし合うこと
〇「助言し合う」
→課題を解決したり，活動をうまく進めていけるよう，解決策を考え，助言すること

教師の働きかけ

〈場面・教材〉
1H 協力することの意義の説明及びアンケートの実施
・アンケートフォームを活用し，これまでの体つくり運動の授業で，「協力して活動ができた」と思う行動の仕方について入力する。
3H 概念的な知識の理解と具体的な行動の仕方の確認
・協力することがなぜ大切なのか，概念的な知識を押さえる。
・アンケート結果を活用し，具体的な行動の仕方について確認する。
4H 具体的な行動の仕方を考える
・仲間の取組の様子から，協力することの具体的な行動の仕方について考える。
5H よりよい協力の仕方について理解を深める
・達成的な活動を通して，協力することの価値や意義を理解し，自らの意思で行動化できるようにしていく。
・仲間のよい行動を見付け，そのよさを認め合う（グッドプラクティスの選出）。

〈発問〉
1H これまでの体つくり運動の授業の中で，「協力し合って活動ができた」と思ったのはどんな時でしょうか？
3H
・体つくり運動の授業で協力して活動することが，何で大切なんでしょう？
・何のために協力する必要があるのでしょうか？
4H 仲間と助け合って学習を進めていくためには，具体的にどのような方法がありますか？
5H
・仲間と関わり合って活動をすると，心や体にどのような変化がありましたか？
・「この行動はいいな。」と感じた具体的な仲間の行動は？

5 本時の展開

(1)指導の流れと重点

　本時は，7時間配当の5時間目である。体ほぐしの運動では，グループ単位での達成的な活動を行う。体の動きを高める運動では，5分間の運動の計画を立て，ペアで互いに気付きを伝え合いながら運動を行う。いずれの活動も，ペアやグループで関わり合い，支え合いながら行う。振り返りでは，仲間と互いに学習を援助しようとしている行動のよさに着目し，「グッドプラクティス」を選出する活動を行う。

(2)評価の重点

　3時間目に学習した「態度①仲間の補助をしたり助言したりして，仲間の学習を援助しようとしている。（協力）」を観察評価する。

(3)本時の流れ（5／7）※態度に関する指導を中心に記述している

時間	学習内容（□）　　活動（○）	留意点（＊）　　評価（☆）
はじめ10分	○整列，出席点呼を受ける ○「心と体のバロメーター」というプリントを準備し，今の心や体の状態を記入する ○本時の学習の見通しをもつ (1)前時までの学習を確認する 　・「協力して活動することが何で大切なのか」確認する。 　・「仲間と協力して学習を進めていくためには，どんな方法があるか」前時の他の生徒が考えたことを参考に，具体的な行動の仕方について考える。 (2)本日の学習のねらいを確認する 　ねらい：仲間と関わり合う活動を通して，仲間と互いに援助し合いながら活動ができるようになろう。	＊心や体の変化に気付けるよう，学習前・学習後に記入する。 ＊生徒が前時に回答した内容をテキストマイニングを活用してまとめ，提示する。 ＊協力することで，「自己の能力を高めたり，仲間との連帯感を高めて気持ちよく活動したりすることにつながること」を生徒とのやりとりから引き出すようにする。
	(思・判・表②学習した安全上の留意点を，他の学習場面に当てはめ，仲間に伝えること。(安全)) 態度①仲間の補助をしたり助言したりして，仲間の学習を援助しようとすること。(協力) ※３時間目に指導	
なか30分	○体ほぐしの運動 (1)バスタオル・パス 　・４人組になり，ボールを落とさないようにバスタオルでボールをパスしながら移動する。 使用するボールは，ソフトバレーボールやビーチバレーボールなど，軽量のものが操作しやすい。 　・慣れてきたら距離やスピードなど，条件を変えて行う。 (2)マシュマロ・リバー 　・川渡りの場をつくり，グループの仲間と川に落ちないように渡り切れるか，挑戦する。 　・飛び石は段ボールを丸く切ったものやバランスディスクを使用する。 　・準備する飛び石は，（チームの人数）－１枚。 　・飛び石の上のみ足をつくことができる。 ○体の動きを高める運動（効率のよい運動の組合せ） (1)１つの動きを反復してから行う組合せ方のポイントを確認する。 (2)自分が高めたい動きを選び，５分間の計画を立てる。 (3)ペアで互いに気付きを伝え合いながら，計画した運動を行う。	＊体ほぐしの運動の特性を考慮し，非競争的で簡易な運動でグループの達成感を味わえるよう教材を準備する。 ＊うまくいったらハイタッチやグータッチなどをして，互いの頑張りを認め合うようにさせる。 ＊活動を通してグループの凝集性を高め，積極的に関わりやすい雰囲気をつくる。 ＊仲間と関わり合うと，心や体がどんな様子か，気付きを促す問いかけをする。 ＊グループ内での話合いで選択する道具や移動の仕方を決めさせる。 ＊活動が行いやすくなるための気付いたことを互いに伝え合うよう言葉がけをする。 ☆**評価規準：観察** 態度①仲間の補助をしたり助言したりして，仲間の学習を援助しようとしている。(協力) ☆**評価：思・判・表②安全** ＊既習事項とポイントをパワーポイントで示す。
まとめ10分	○学習の振り返りを行う 　・「心と体のバロメーター」及び学習カードへの記入。 　・仲間のよい行動について見付けたことを交流し，本時の「グッドプラクティス」を選出する。 ○次時の学習内容を確認する	＊課題解決のための援助の仕方についても取り組むよう働きかける。 ＊「なぜそう思ったか」選定の理由も併わせて述べるように働きかける。

6 本単元の「主体的に学習に取り組む態度」の評価の工夫

⑴評価方法の工夫

　本事例では，「①仲間の補助をしたり助言したりして，仲間の学習を援助しようとしている。（協力）」の指導と評価を中心に事例を作成している。

　「仲間の学習を援助すること」に関して生徒は，これまでの学習や経験から「大切にすべきこと」と理解している。こうした理解をさらに深めるとともに，自らの意思で行動に結び付けていけるようにするため，認識と具体的な取り組み方を結び付けた指導を行う。

　指導の工夫マップで示したように，1時間目，3時間目，4時間目と知識に関する指導場面を複数回設定し，活動を通してもととなる知識が十分に身に付くようにする。Googleフォームを活用し，知識の定着状況を把握する。生徒の学習状況をみとる中で，努力を要する状況⒞と判断した生徒には個別に声かけを行う。

　3時間目には，「なぜ協力することが大切なのか」「何のために取り組むのか」といった概念的な知識を押さえた上で，「どのように取り組むとよいのか」具体的な方法を考える機会を設定する。ここではテキストマイニングを活用し，他の生徒が考えていることをヒントに，自分の具体的な行動について考えることができるようにする。学習状況については，学習カードの記述内容や考えを交流する際の発言内容から把握する。

　4・5時間目は，体ほぐしの運動のグループで行う達成的な活動の中で，協力することの価値や意義について理解したことが，どのように行動として表出しているかをみとる。そのため多様な関わり合いの姿が生まれるような活動を位置付ける。行動観察としての評価機会は5時間目に設定し，「わかって，行動している」姿を評価する。

　その他，「主体的に学習に取り組む態度」の評価項目のうち，「②健康・安全に留意している。（健康・安全）」については，2時間目に指導し，3時間目に観察評価を行う。

⑵判断の目安例（ルーブリック）

規準	A十分満足できる	Bおおむね満足できる	C努力を要する
学びの姿 （Bは評価規準）	協力の意義及び自身の行動に対しての具体的な記述が確認され，行動が表出している。	仲間の補助をしたり助言したりして，仲間の学習を援助しようとしている。（協力）	協力の意義やとるべき行動は理解しているが，理解に基づく行動ができていない。
「主体的に学習に取り組む態度」 協力の理解の程度	協力の意義の理解に基づき，具体的な行動に関する発言や学習カードへの記述がされている。	提示された内容や他者の言動をもとに，具体的な行動に関する発言や学習カードへの記述がされている。	記述（1・3・4時間目）が不十分であり，手立て後の記述内容にも変化が見られない状況。

行動観察による具体的な言動や行動 5時間目（全体）	協力の意義に基づき，仲間が活動しやすいように，補助をしたり助言したりする姿。	補助や助言など，互いに学習を援助しようとする姿。	・仲間に対して配慮のない言動。 ・活動から逃避しようとする行動。

(3)評価方法の実際

○3時間目　Googleフォーム（学習の記録）

　態度のもととなる知識と具体的な行動の仕方について考えたことをGoogleフォームを使用して，記録させる。「自己の能力を高めたり，仲間との連帯感を高めて気持ちよく活動したりすることにつながっていくため」という概念知や概念知に基づいた具体的な行動の仕方がわかっているか，記述内容から知識の状況をみとる。

○5時間目　全体観察

　本時では，「①仲間の補助をしたり助言したりして，仲間の学習を援助しようとしている。（協力）」姿を判断の目安例を参考に観察評価する。

　体ほぐしの運動の「バスタオル・パス」や「マシュマロ・リバー」といったグループで関わり合いながら行う達成的な活動の中で，ボールを落とさずパスができるよう助言する姿，バランスを崩さず飛び石が渡れるよう補助する姿など，仲間を援助する行動や言葉がけなどの行動の様子を観察評価する。

　振り返りでは，「グッドプラクティスを選出する」という活動により，仲間の行動のよさを認め合う機会とする。また，仲間のよいと思った行動と「なぜそう思ったのか」その理由を併せて伝えさせるようにする。理由には，「○○さんがパスの仕方をアドバイスしてくれたことでパスがつながるようになり，気持ちよく活動できたから。」など，概念知と関連させた発言内容が含まれることがある。こうした振り返りの場面での生徒の言動も評価の補助情報とする。

○6・7時間目　補足観察

　5時間目の観察評価で，努力を要する状況(C)と判断した生徒には，6時間目の体ほぐしの運動の活動の中で，再度，概念的な知識とともに，参考としやすい他の生徒の模範となる行動例を確認し，授業の中でのその後の取組の様子を記録しておく。

　7時間目に再度，「グッドプラクティスを選出する」という活動を行う。仲間の協力に関するよい行動を見付け，タブレットパソコンで撮影させる。パワーポイントを活用し，撮影した写真となぜよいと思ったか，その理由を記載させる。こうした活動の中で，変化が見られた生徒の状況を記録しておく。

　7時間目の最終時間で，「主体的に学習に取り組む態度」については，確定のための最終確認を実施する。

2 第3学年（7時間）
総合的観察からの愛好的態度の評価

> 「主体的に取り組む態度」の評価の重点　愛好的態度
> 内容のまとまり　第3学年「A　体つくり運動」

▶ 後藤真一郎

1 単元の目標

(1)次の運動を通して，体を動かす楽しさや心地よさを味わい，運動を継続する意義，体の構造，運動の原則などを理解するとともに，健康の保持増進や体力の向上を目指し，目的に適した運動の計画を立て取り組むことができるようにする。

ア　体ほぐしの運動では，手軽な運動を行い，心と体は互いに影響し変化することや心身の状態に気付き，仲間と自主的に関わり合うことができるようにする。

イ　実生活に生かす運動の計画では，ねらいに応じて，健康の保持増進や調和のとれた体力の向上を図るための運動の計画を立て取り組むことができるようにする。

(2)自己や仲間の課題を発見し，合理的な解決に向けて運動の取り組み方を工夫するとともに，自己や仲間の考えたことを他者に伝えることができるようにする。

(3)体つくり運動に自主的に取り組むとともに，互いに助け合い教え合おうとすること，（一人一人の違いに応じた動きなどを大切にしようとすること），話合いに貢献しようとすること（など）や，（健康・安全を確保すること）ができるようにする。　　＊（　）内はほかの単元で指導

2 単元の評価規準

知識・技能		思考・判断・表現	主体的に学習に取り組む態度
知識	技能		
①定期的・計画的に運動を継続することは，心身の健康，健康や体力の保持増進につながる意義があることについて，言ったり書き出したりしている。（継続する意義） ②運動を安全に行うには，関節への負荷がかかりすぎないようにすることや軽い運動から始めるなど，徐々に筋肉を温めてから行うことについて，言ったり書き出したりしている。（体の構造） ③運動の原則があることについて，言ったり書き出したりしている。（運動の原則）	※体つくり運動では，技能は運動として例示されており，技能の評価は行わない。なお，扱った学習内容は次のとおり。 〈学習内容〉 ・リズムに乗って心が弾むような運動を行うことを通して，気付いたり関わり合ったりすること。 ・仲間と協力して課題を達成するなど，集団で挑戦するような運動を行うことを通して，気付いたり関わり合ったりすること。 〈生活に生かす運動の計画〉 ・調和のとれた体力の向上を図ったり，選択した運動やスポーツの場面で必要とされる体の動きを高めたりするために，効率のよい組合わせやバランスのよい組合わせで運動の計画を立てて取り組むこと。	①ねらいや体力の程度を踏まえ，自己や仲間の課題に応じた強度，時間，回数，頻度を設定している。（計画設定） ②体力の程度や性別等の違いに配慮して，仲間とともに体つくり運動を楽しむための活動の方法や修正の仕方を見付けている。（合意形成） ③体つくり運動の学習成果を踏まえて，実生活で継続しやすい運動例や運動の組合せの例を見付けている。（継続）	①体つくり運動の学習に自主的に取り組もうとしている。（愛好的態度） ②仲間に課題を伝え合うなど，互いに助け合い教え合おうとしている。（協力） ③自己や仲間の課題解決に向けた話合いに貢献しようとしている。（参画）

3 単元構造図

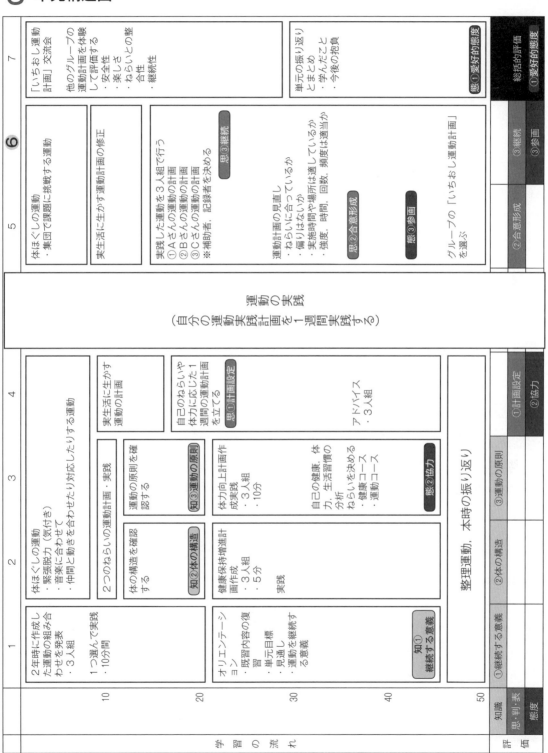

4 学びに向かう力，人間性等の指導の工夫マップ

解説の表記（学年：3，領域：体つくり運動，態度の内容：愛好的態度）

体つくりに自主的に取り組むとは，自己や仲間の課題に応じた運動を選択する学習などに自主的に取り組むことなどを示している。そのため，心と体をほぐし，運動の計画を実生活に生かすには，自らの生活を見直し，改善を図ろうとする意思が大切であることなどを理解し，取り組めるようにする。

概念知（する意味）

体と心をほぐし，運動の計画を実生活に生かすため

具体知（何をするのか）

自らの生活を見直し，改善を図ろうとする意思が大切であることを理解し，取り組むこと

教師の働きかけ

〈場面・教材〉
1H　オリエンテーション
体つくり運動の特性の説明の際，定期的・計画的に運動を継続することは，心身の健康，健康や体力の保持増進につながることの意義を伝える

4H　互いに助け合い教え合うことで，自主的な学習を行いやすくなることを伝える

6H　グループの「いちおし運動計画」を選ぶ

5H～7H　実生活で継続しやすい運動計画に修正する活動を通して，学習内容を自己調整させながら汎用化する

〈発問〉
1H　運動を継続する意義を挙げましょう。
体つくり運動に自主的に取り組むメリットは何ですか？

4H　協力する意味は何ですか？
どのような協力の仕方があると思いますか？

6H　自分の考えを述べたり，相手の話を聞いたりしながら，グループの「いちおし運動計画」を選びましょう。

5H～7H　自己の生活改善を図ろうとする意思をもって取り組めましたか？

5 本時の展開

⑴指導の流れと重点

　4時間目までに自己のねらいや体力に応じた運動計画を立て，その計画に基づく日常生活での運動の実践期間を1週間設ける。その後実施される5・6時間目（本時）では，実践した運動を3人組で実施しながら，運動の原則や実生活での場面設定に沿って計画の修正を行う。最後に，7時間目「いちおし運動計画」交流会に向け，グループのいちおし運動計画を選ぶ。

⑵評価の重点

　5時間目で学習した「態度③自己や仲間の課題解決に向けた話合いに貢献しようとしている。（参画）」を観察評価する。その上で，7時間目にそれまで評価した知識（・技能），思考・判断・表現，主体的に学習に取り組む態度の学習成果を総合的に加味し，愛好的態度の評価を行うこととしている。

(3)本時の流れ（6／7）※態度に関する指導を中心に記述している

時間	学習内容（□）　　活動（○）	留意点（＊）　　評価（☆）
はじめ10分	○挨拶をし，健康観察を行う ○本時の学習の見通しをもつ (1)前時までの学習を確認する 　態度：「自己や仲間の課題解決に向けた話合いに貢献しようと 　　　　すること」 　・話し合いに参加することの意義について確認する。 　┌─────────────────────────────┐ 　│相手の感情に配慮しながら発言したり，提案者の発言に同意│ 　│したりして話し合いを進めることが大切であること。　　　│ 　└─────────────────────────────┘ (2)本日の学習のねらいを確認する 　ねらい：自分の考えを述べたり，相手の話を聞いたりしながら， 　　　　　実生活で実践できる運動の計画に修正した上で，グル 　　　　　ープの「いちおし運動計画」を選ぼう。 **（思・判・表③体つくり運動の学習成果を踏まえて，実生活で継続しやすい運動例や運動の組合せの例を見付けること。（継続））** **態度③自己や仲間の課題解決に向けた話合いに貢献しようとすること。（参画）** **※5時間目に指導**	＊既習内容について，確認させる。 ＊参画の仕方や方法について，グループで考え，発表させる。
なか30分	○3人組で，Cさんの運動計画を確認し合う ※A，Bさんについては前時に実施済み ○Cさんの運動計画を実践する ○Cさんの運動計画を修正する 〈修正の観点〉 ・自分のねらいに合っているか。 ・偏りはないか。 ・実施時間や場所は適しているか。 ・運動の強度，時間，回数，頻度は適当か。 ○グループの「いちおし運動計画」を選ぶ 〈選ぶ視点〉 ・安全性。 ・楽しさ。 ・ねらいとの整合性。 ・継続性。　　　　　　　　　　　　　　　など	＊1週間実践してみて感じた課題を挙げさせる。 ＊役割分担をさせる。（実施者，撮影者） ┌─────────────────┐ │☆**評価規準：観察**　　　　　　　│ │態度③自己や仲間の課題解決に向けた│ │話合いに貢献しようとしている。（参│ │画）　　　　　　　　　　　　　　　│ └─────────────────┘ ＊計画のよさを見付けた上で，運動計画の課題を指摘させる。 ＊タブレットに録画した動画を見て相互評価させる。 ┌─────────────────┐ │☆**評価**：思・判・表③継続　　　　│ └─────────────────┘
まとめ10分	○運動計画修正に向けた話合いの際に，役立つ気付きについて振り返りを発言し，学習カードに記入する ○次時は，他のグループの「いちおし運動計画」を体験することを確認する	＊自分の考えを述べたり，相手の話を聞いたりしたことを，計画の修正にどのように生かしたかを記入させて評価の手がかりとする。

6 本単元の「主体的に学習に取り組む態度」の評価の工夫

⑴評価方法の工夫

　本事例では，「知識」「思考・判断・表現」「主体的に学習に取り組む態度」の形成的評価の材料を参考にしながら，単元を通して自主的に取り組めているかを最終的に評価している。そのため，オリエンテーションで，「心と体をほぐし，運動の計画を実生活に生かすには，自らの生活を見直し，改善を図ろうとする意思が大切である」ことを強調して伝え，中学校のまとめとなる体つくり運動の学習に自主的に取り組むよう促して学習をスタートさせた。

　単元では，「主体的に学習に取り組む態度」について３つの評価規準を単元構造図で設計しているが，「②仲間に課題を伝え合うなど，互いに助け合い教え合おうとしている。（協力）」を，前時３時間目に指導し，本事例の４時間目に観察評価をしている。また，「③自己や仲間の課題解決に向けた話合いに貢献しようとしている。（参画）」は，５時間目に指導し，６時間目に観察評価をしている。

　「①体つくり運動の学習に自主的に取り組もうとしている。（愛好的態度）」の評価では，上記の２点に加え，「知識」「思考・判断・表現」を含めた学習の状況が良好で，かつ自主的に取り組む意思が顕著に見られるかどうかを評価の判断の目安としている。

　愛好的態度を高めていく，単元の指導の工夫は，次の通りとしている。

１Ｈ　オリエンテーション

　　　体つくり運動の特性の説明の際，定期的・計画的に運動を継続することは，心身の健康，健康や体力の保持増進につながることの意義を伝える

４Ｈ　互いに助け合い教え合うことで，自主的な学習を行いやすくなることを伝える

６Ｈ　グループの「いちおし運動計画」を選ぶ

５Ｈ〜７Ｈ

　　　実生活で継続しやすい運動計画に修正する活動を通して，学習内容を自己調整させながら汎用化する

(2)判断の目安例（ルーブリック）

評価規準「体つくり運動の学習に自主的に取り組もうとしている」

規準	A十分満足できる	Bおおむね満足できる	C努力を要する
「主体的に学習に取り組む態度」 協力の理解の程度 （4時間目）	協力することの意義，方法の理解に基づき，授業での安定した態度の出現がみられる。	協力することの意義，方法の理解に基づき，声かけ等を通して自主的な姿勢や意欲が観察できる。	協力することの意義，方法の理解が不十分であり，関わる場面での行動がみられない。
「主体的に学習に取り組む態度」 参画の理解の程度 （6時間目）	話し合いに参加することの意義の理解に基づき，安定して話し合いに貢献しようとする姿がみられる。	話し合いに参加することの意義の理解に基づき，自己の考えを述べたり，相手の話を聞いたりしている。	話し合いに参加する理解や意欲が不十分である。
「主体的に学習に取り組む態度」 愛好的態度の理解の程度 （単元全体）	「知識・技能」「思考・判断・表現」「主体的に学習に取り組み態度」の形成的評価をもとに，粘り強く自己調整しながら取り組む意思が顕著にみられる。	「知識・技能」「「思考・判断・表現」「主体的に学習に取り組み態度」の形成的評価をもとに，粘り強く，もしくは自己調整しながら取り組む意思が確認できる。	行動，言動に自主的な姿がみられない状況。

(3)評価方法の実際

○主体的に学習に取り組む態度は，主に観察評価となるが，もととなる知識との関連から，「わかってしようとしている」実現状況を判断することがポイントとなる。

○実生活に生かすために，自らの生活の改善を図ろうとする意思をもって取り組めていたかを評価する。

○愛好的態度は，「知識・技能」「思考・判断・表現」「主体的に学習に取り組む態度」それぞれにおける学習状況について，単元全体を通した自主的な姿を総合的に評価する。そのため，総括表等を参考として，前半に「粘り強く取り組もうとする姿勢」，後半に「自己調整をしようとする姿勢」の視点からそれぞれ評価を行い，双方に優れているものを(A)，いずれかの場合(B)，いずれも努力を要する場合(C)として総合的に評価をしている。

○「知識・運動」の学習の様子が総合的に(A)の場合，または「知識・技能」「思考・判断・表現」「主体的に学習に取り組む態度」それぞれの合算が(A)とみられる場合を，補助の評価材料とする。

3 第2学年（8時間）
仲間へ称賛の声をかけ，努力を認めようとする態度の評価

「主体的に取り組む態度」の評価の重点 **公正**

内容のまとまり **第1学年及び第2学年「B 器械運動」**

▶ 村上千惠

1 単元の目標

(1)次の運動について，技ができる楽しさや喜びを味わい，器械運動の特性や成り立ち，技の名称や行い方，その運動に関連して高まる体力などを理解するとともに，技をよりよく行うことができるようにする。

エ 跳び箱運動では，切り返し系や回転系の基本的な技を滑らかに行うこと，条件を変えた技や発展技を行うことができるようにする。

(2)技などの自己の課題を発見し，合理的な解決に向けて運動の取り組み方を工夫するとともに，自己の考えたことを他者に伝えることができるようにする。

(3)（器械運動に積極的に取り組むとともに），よい演技を認めようとすること，（仲間の学習を援助しようとすること），（一人一人の違いに応じた課題や挑戦を認めようとすること）（など）や，健康・安全に気を配ることができるようにする。　＊（ ）内はほかの単元で指導

2 単元の評価規準

知識・技能		思考・判断・表現	主体的に学習に取り組む態度
知識	技能		
①器械運動には多くの「技」があり，これらの技に挑戦し，その技ができる楽しさや喜びを味わうことができることについて言ったり書きだしたりしている。（特性） ②技の行い方は技の課題を解決するための合理的な動き方のポイントがあることについて，学習した具体例を挙げている。（行い方）	①踏み切りから上体を前方に振り込みながら着手する動き方，突き放しによって直立体勢に戻して着地するための動き方で，基本的な技の一連の動きを滑らかにして跳び越すことができる。（切り返し系） ②着手後も前方に回転するための勢いを生み出す踏み切りの動き方，突き放しによって空中に飛び出して着地するための動き方で，基本的な技の一連の動きを滑らかにして跳び越すことができる。（回転系）	①提示された動きのポイントやつまずきの事例を参考に，仲間の課題や出来映えを伝えている。（課題発見） ②学習した安全上の留意点を，他の学習場面に当てはめ，仲間に伝えている。（安全） ③仲間と協力する場面で，分担した役割に応じた活動の仕方を見付けている。（公正）	①よい技や演技に称賛の声をかけるなど，仲間の努力を認めようとしている。（公正） ②健康・安全に留意している。（健康・安全）

3 単元構造図

	1	2	3	④	5	6	7	8

出席確認、健康把握、準備運動

オリエンテーション
・見通しと単元のねらい
・安全留意

知①特性　態②安全

嬉しい声かけ・NG行動・NGワード行動集め（公正につながる話し合い活動）

自分に合った挑戦の課題を見つけよう
（跳び箱の向きや段数を見つける）
・切り返し系、回転系の技の中からそれぞれ自分に適した技を選ぶ
・切り返し系の技と回転系の技の活動が混在しないように、時間を区切ったり、分けたりしながら安全面に配慮する

態①公正

課題解決練習
（仲間から伝えられた課題を達成するための練習）
・技がよりよくできたとき、繰り返し練習している仲間の努力を認める行動に着目する

思③協力

発表会に向けた練習

切り返し系・回転系の技のポイントを見つけよう

知②行い方

踏み切り、着手、突き放し、着地に着目し、動きのポイントを見つける

技①切り返し　思②安全　知③回転

仲間のよいところ、改善点を見つけて伝えよう
（汎用的な知識・具体的な知識を活用し、よい点、改善点を伝え合う）

思①課題発見

・技のポイント、場の工夫、体の使い方等のアドバイスを公正の態度をもとに行う

・今日言われて嬉しかった言葉、行動を書き出す
（ありがとうメッセージ）

発表会に向けた練習

発表会
（視点）
・出来映え（技）
・よいところを見つける（思）
・称賛の行動をとる（態）

総括的評価

整理運動、振り返り、時間外の課題確認

| 学習の流れ | 10 | 20 | 30 | 40 | 50 |

評価										
知識	①特性									
技能		②行い方			①切り返し②回転	①課題発見				
思・判・表					②安全					③協力
態度		②安全	①公正	①公正						

4 学びに向かう力，人間性等の指導の工夫マップ

解説の表記（学年：1・2，領域：器械運動，態度の内容：公正）

よい技を認めようとするとは，仲間の課題となる技や演技がよりよくできた際に，称賛の声をかけることや，繰り返し練習している仲間の努力を認めようとすることを示している。そのため，仲間の技や演技を認め合って学習することは，相互の運動意欲が高まることを理解し，取り組めるようにする。

概念知（する意味）

相互の運動意欲が高まるため
・認められている，受け入れられているという安心感を与え，頑張ってよかった，次も頑張ろうと前向きな気持ちになる

具体知（何をするのか）

○よい技や演技に称賛の声をかける
→よいところ，よくなったところ，頑張っているところを伝える，一緒に喜ぶ等，出来映えを共に共有する
○仲間の努力を認めようとする
→プラスの声かけ，出来映えではなく挑戦そのものを認める声かけ等

教師の働きかけ

〈場面・教材〉
2H　活動の中でかけてもらって嬉しかった発言，行動について具体例を挙げる。

3〜4H
　2Hに考えた発言，行動について自分ができることを考える。
　実際に授業の中で嬉しかった言葉や行動を書く。
（ありがとうメッセージ）

5〜7H　自分も仲間も嬉しくなったり，頑張ってよかったと思える活動にするために，何ができるかを考えて行動する。

〈発問〉
2H　体育において，かけてもらって嬉しい言葉や行動は何でしょう？
どんな発言や行動が考えられますか？
その行動や発言にはどのような意味や効果があると思いますか？

3〜4H　今日の授業で仲間のためにどんな発言や行動をしてみますか？
今日の授業の中で嬉しかった言葉や行動は何がありましたか？

5〜7H　自分も仲間も嬉しくなったり，頑張ってよかったと思える活動にするために，何ができるでしょうか？

5 本時の展開

⑴指導の流れと重点

　本時は，8時間配当の4時間目であり，技能では，自分の選んだ技で，挑戦する跳び箱の向きや段数を見つける学習としている。また，前時の「態度①よい技や演技に称賛の声をかけるなど，仲間の努力を認めようとしている。（公正）」の指導をもとに，活動の中で実際にかけてもらって嬉しい言葉や行動を振り返り，自分の行動を見直し，仲間とともに活動していく中で，お互いが気持ちよく活動できたり，認め合えたりする発言や行動をとれるようにしていく。

⑵評価の重点

　第3時に学習した「態度①よい技や演技に称賛の声をかけるなど，仲間の努力を認めようとしている。（公正）」を観察で評価する。

(3)本時の流れ（4／8）※態度に関する指導を中心に記述している

時間	学習内容（□）　　　活動（○）	留意点（＊）　　評価（☆）
はじめ10分	○整列，出席点呼を受ける ・呼名の際に，体調不良等で，見学，運動量の調整等の配慮を求める場合は，申し出るようにする。 ○本時の学習の見通しをもつ (1)前時までの学習を確認する 　態度：「前回の活動の中でかけてもらって嬉しかった言葉や行動にはどんなものがあったのか」 　　　　「前回の振り返りから，今日の活動でどのような発言や行動をとっていくのか」 (2)本日の学習のねらいを確認する 　ねらい：自分に合った跳び箱の向きや段数を見つける中で，仲間の行動や頑張りに対して認めたり受け入れたりする発言や行動をとろう。 **態度①よい技や演技に称賛の声をかけるなど，仲間の努力を認めようとすること。（公正）※3時間目に指導**	＊前時に集めた全員の意見を集約し確認させる。（ホワイトボードや黒板） **嬉しかった言葉や行動は？** 【言葉】・頑張ってるね！・ナイス・すごい，おお〜・よくなった・○○ができているね・もっと○○したほうがよくなるよ 【行動】・拍手・一緒に喜んでくれた・ハイタッチ・声をかけてくれた・アドバイスをくれた・優しく見守ってくれる こんな言葉を言われると…？→こんな行動をとられると…？ ・もっと頑張ろうと思った・よくなってると思えた・自分も周りの人に声をかけようと思った・もっとできるようになった・雰囲気がとてもよくなった・仲良くなった・やらない人がいなくなった・団結力が高まった ＊公正の概念知・具体知を確認した上で，より意欲を高めるための自分の行動や発言を考えさせる。 ＊UDの視点から授業の流れや思考の流れは掲示する。
なか30分	○自分に合った跳び箱の向きや段数を見つける (1)切り返し系の技 　同じ段や向きの中で3〜4人グループになり，ICT等を使って見合う際に互いのよい技や演技に称賛の声をかけるようにする。 〈切り返し系の技の場の設定例〉 8段　7段　6〜8段　5〜6段　4〜5段　4段以下 (2)回転系の技	＊自分に適した向き，段数とは，今まで学んできた動き方のポイント（合理的なポイント）が実現可能な向きと段数であることを理解させる。 ＊合理的なポイントがどれだけできているかで技能の評価を行うのであって，決して高い段数を跳べたことで評価はしないことを伝え，自身に適した課題を選ぶことを促す。 ＊前時から行っている嬉しい言葉や行動をとることの意味を理解した上で，さらに仲間の努力を認める行動をどのように行うのかを考えさせる。 ＊ホワイトボードの態度の知識の例で自分ができそうな行動や言葉かけを促す。 ☆**評価規準：観察** 態度①よい技や演技に称賛の声をかけるなど，仲間の努力を認めようとしている。（公正）
まとめ10分	○今日の活動の中で嬉しかった言葉や行動について振り返る（ありがとうメッセージ） ○次時は，本時の活動をもとに，仲間のよいところや改善点を伝え合う活動を行うことを伝える	＊嬉しかった言葉や行動のみならず，なぜその言葉や行動がよかったのか理由を添えて振り返りをすることを促す。

6 本単元の「主体的に学習に取り組む態度」の評価の工夫

(1)評価方法の工夫

本事例では，本時の展開で「①よい技や演技に称賛の声をかけるなど，仲間の努力を認めようとしている。（公正）」を中心に事例を取り上げている。

単元では，２つの評価規準を単元構造図で設計しているが，「①よい技や演技に称賛の声をかけるなど，仲間の努力を認めようとしている。（公正）」を，前時３時間目に指導し，本事例の４時間目に観察評価をしている。また，「②健康・安全に留意している。（健康・安全）」は，１時間目に指導し，２時間目に観察評価をしている。

「主体的に学習に取り組む態度」は，授業の過程で自然と身に付くものではなく，指導したことを理解した上で意思をもって行動していく姿を評価していくことが大切となる。主体的に学習に取り組む態度の知識を理解した上で，自分がとる行動を考えて活動しているかをみとることが重要であり，決してもともと声が大きく，行動が目立つ生徒だけに注目することがないように配慮していく。

公正の態度を高めていく，単元の指導の工夫は，次の通りとしている。

２Ｈ　　　活動の中でかけてもらって嬉しい発言，行動について具体例を挙げる。

３〜４Ｈ　２Ｈに考えた発言，行動について自分ができることを考える。
　　　　　実際に授業の中で嬉しかった言葉や行動を書く。（ありがとうメッセージ）

５〜７Ｈ　自分も仲間も嬉しくなったり，頑張ってよかったと思える活動にするために，何ができるかを考えて行動する。

(2)判断の目安例（ルーブリック）

規準	A十分満足できる	Bおおむね満足できる	C努力を要する
学びの姿 （Bは評価規準）	態度のもととなる知識を理解し，言葉，行動が安定的に出現する。	よい技や演技に称賛の声をかけるなど，仲間の努力を認めようとしている。（公正）	公正への理解が不十分で，言葉，行動に肯定的な姿勢が不足している。
「主体的に学習に取り組む態度」 公正の理解の程度	記述に，概念をもとにした具体的行動が明示されている。	運動やスポーツを行う際は，相互の運動意欲を高める称賛の声かけや態度の工夫・調整が必要であることの記載がみられる。	公正の記述（２時間目）が不十分であり，手立て後の加筆もみられない状況。
行動観察による具体的な言動や行動 ４時間目（全体） ５〜８時間目（補足）	・誰に対しても肯定的な声かけや態度，取り組み。 ・５〜８時間目の他者への意識の高い行為。	・仲間への肯定的な声かけ，姿勢。 ・５〜８時間目の努力を要する状況での指導からの肯定的変化。	・配慮のない言葉，行動，暴言等。 ・参加拒否。

(3)評価方法の実際

○2～4時間目　ワークシート，Google Jamboard の活用

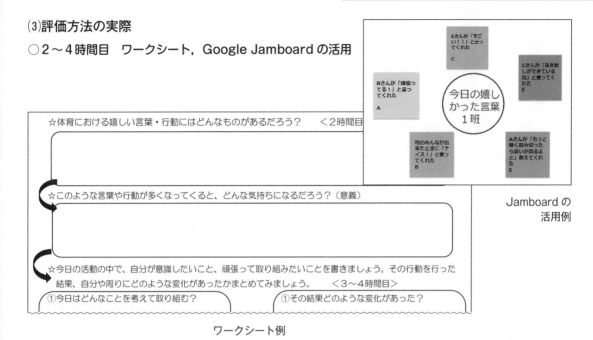

Jamboard の
活用例

☆体育における嬉しい言葉・行動にはどんなものがあるだろう？　＜2時間目

☆このような言葉や行動が多くなってくると，どんな気持ちになるだろう？（意義）

☆今日の活動の中で，自分が意識したいこと，頑張って取り組みたいことを書きましょう。その行動を行った
結果，自分や周りにどのような変化があったかまとめてみましょう。　＜3～4時間目＞

①今日はどんなことを考えて取り組む？　　　　　①その結果どのような変化があった？

ワークシート例

　単元2時間目の「活動の中でかけてもらって嬉しかった発言，行動について具体例を挙げる」活動を通して，それらが何につながっているのか（意義）を理解させた上で，実際の活動内で自分のとる行動を考え，考えた行動を活動内で行う。その結果どのような変化が起こるのかを振り返ることで，より自己の発言や行動に意味をもてるようになる。また，各班の嬉しかった言葉や行動の共有を行い，仲間が活動内でどのようなことに嬉しさを感じているのかを知ることによって，より公正の態度へと強化しやすくなる。

○4時間目　観察評価

　本時に行う観察評価「①よい技や演技に称賛の声をかけるなど，仲間の努力を認めようとしている。（公正）」の姿については，6グループ（跳び箱が6つの場合）のため，全体を鳥瞰しつつ，特に努力を要する生徒がいないかを確認する。また，理解状況が不十分な生徒に着目し，声かけを行いサポートする。努力を要する状況(C)と判断した生徒には，授業後個別に声をかけ，次の時間に取り組みが改善されることを見守っていることを伝える。

○5～8時間目　補足観察

　4時間目の自分に合った跳び箱の段数や向きを見つける取組の中での仲間への称賛の声かけや努力を認める行動を中心とし，授業の過程で変化がみられた行動があった場合に再度加点減点を行うこととする。手持ちの評価シートに記載された状況から，公正の態度の理解度や思考・判断・表現の観点での気付きを参考とし，変容を観察評価する。

　特に8時間目の最終時間では，評定への最終確認となるため，観察評価で実施した「技能」及び「主体的に学習に取り組む態度」については，確定のための最終確認を実施する。

4 第1学年（8時間）
フェアな取り組みのオリエンテーション，マナーへの思考・判断・表現，態度の最終評価

「主体的に取り組む態度」の評価の重点　公正

内容のまとまり　第1学年及び第2学年「C　陸上競技」

▶ 小野寺理香

1　単元の目標

(1)次の運動について，記録の向上や競争の楽しさや喜びを味わい，陸上競技の特性や成り立ち，技術の名称や行い方，その運動に関連して高まる体力などを理解するとともに，基本的な動きや効率のよい動きを身に付けることができるようにする。

ア　短距離走・リレーでは，滑らかな動きで速く走ることやバトンの受渡しでタイミングを合わせること（，長距離走では，ペースを守って走ること，ハードル走では，リズミカルな走りから滑らかにハードルを越すこと）ができるようにする。

(2)動きなどの自己の課題を発見し，合理的な解決に向けて運動の取り組み方を工夫するとともに，自己の考えたことを他者に伝えることができるようにする。

(3)陸上競技に積極的に取り組むとともに，勝敗などを認め，ルールやマナーを守ろうとすること，（分担した役割を果たそうとすること），（一人一人の違いに応じた課題や挑戦を認めようとすること）（など）や，（健康・安全に気を配ること）ができるようにする。

＊（　）内はほかの単元で指導

2　単元の評価規準

知識・技能		思考・判断・表現	主体的に学習に取り組む態度
知識	技能		
①陸上競技は，古代ギリシアのオリンピア競技やオリンピック・パラリンピック競技大会において主要な競技として発展した成り立ちがあることについて言ったり書き出したりしている。（特性） ②陸上競技の各種目において用いられる技術の名称があり，それぞれの技術で動きのポイントがあることについて具体例を挙げている。（名称・行い方）	①クラウチングスタートから徐々に上体を起こしていき加速することができる。（スタート） ②自己に合ったピッチとストライドで速く走ることができる。（ピッチとストライド） ③リレーでは，次走者がスタートするタイミングやバトンを受け渡すタイミングを合わせることができる。（バトンパス）	①提供された練習方法から，自己の課題に応じて，動きの習得に適した練習方法を選んでいる。（練習方法選択） ②練習や競争する場面で，最善を尽くす，勝敗を受け入れるなどのよい取組を見付け，理由を添えて他者に伝えている。（公正）	①陸上競技の学習に積極的に取り組もうとしている。（愛好的態度） ②勝敗などを認め，ルールやマナーを守ろうとしている。（公正）

3　単元構造図

単元全体を通した流れ：健康把握・準備運動・課題確認

時	1	2	3	4	5	⑥	7	8

1時間目
- ○オリエンテーション
  - ・学習の見通し
  - ・学習の進め方
- ○特性や成り立ちを理解し陸上競技について知ろう
  - 知①特性
- ○陸上競技のフェアプレイについて考えよう

2時間目
- ○試しの測定
- ○チームでの役割分担
  - ・記録係
  - ・動画撮影係
  - ・審判係
- ○仲間の健闘を認めることや、全員が安心して学習を行えるようにするために必要なことを出し合う
  - ・チームフラッグの作成・発表
  - 態①愛好的な態度

【短距離走】
○最大スピードを高めて走る
○加速に合わせて動きを変化させて走る

3時間目
- ①クラウチングスタートから力強く加速する
  - ・倒れこみダッシュ
  - ◆前傾姿勢
- ◇ミニゲーム・スタートダッシュ競走
  - 技①スタート
- ②自己に合ったピッチとストライドで走る
  - ◆ピッチとストライド
- ◇ミニゲーム・ラインダッシュ競走
  - 技②ピッチとストライド

4時間目
- ①クラウチングスタートから力強く加速する
  - ・ひっぱりスタート
- ◇ミニゲーム・スタートダッシュ競走
- ◆地面を力強くけること
- ②力まずにリズミカルに走る
  - ◆胸と脚の動き
- ◇ミニゲーム・シンクロスプリント
  - 技③ストライド
  - 思①方法
- ○相互観察をして仲間のバトンの課題を見つけて伝える
  - ・動画撮影も可

5時間目
- ○タイミングを合わせてバトンを受け渡す
  - ・その場でのバトンパス
  - ◆走りながらマークに合わせたバトンパス
- ◇ミニゲーム・チームリレー競走
  - 思②公正
- ○相互観察をして仲間のバトンの課題を見つけて伝える
  - ・動画撮影も可

【リレー】
○タイミングを合わせたバトンパスリレー
○スピードを高めたバトンパスリレー

⑥時間目
- ○タイミングを合わせてバトンを受け渡す
  - ・バトンパスの方法
  - ◆振り向き
  - ・振り向かない
- ◇ミニゲーム・チームリレー競走①
  - 技③バトンパス
- ○短い距離でタイミングを合わせる
  - 態②公正
- ○これまでのミニゲームを振り返り、チームフラッグの修正をする

7時間目
- ○スピードを高めてバトンを受け渡す
  - ・利得距離
  - ・加速
  - ◆次走者のスタートや受渡しのタイミング
- ◇ミニゲーム・チームリレー競走②
  - ・テイクオーバーゾーン内のタイム計測
- ○相互観察をして仲間のバトンパスの成果を伝える
  - ・動画撮影も可

8時間目
- ○これまでのチームや個人が身に付けた技能を相互観察したり課題を確認し合う
- ◇ミニゲーム・チームリレー・競走③
  - ・走順、記録測定
  - ・競争を行ったかどうだったかを振り返る
- ○学習全体を振り返る
  - ・単元全体を通して自己の技能だけではなく、課題に取り組む姿勢や仲間に教え合う活動の様子について振り返る
  - ・チームフラッグを完成させる

総括的な評価
①愛好的な態度

本時の振り返り

評価

評価								
知識	①特性							
技能			②ピッチとストライド	①方法	①スタート ②公正	③バトンパス		
思・判・表			②名称・行い方	①方法				
態度								①愛好的な態度

学習の流れ（10・20・30・40・50）

4 学びに向かう力，人間性等の指導の工夫マップ

解説の表記（学年：1・2，領域：陸上競技，態度の内容：公正）

> **勝敗などを認め**とは，勝敗や個人の記録などの良し悪しにかかわらず全力を尽くした結果を受け入れ，仲間の健闘を認めようとすることを示している。また，**ルールやマナーを守ろうとする**とは，陸上競技は相手と距離やタイムなどを競い合う特徴があるため，規定の範囲で勝敗を競うといったルールや，相手を尊重するといったマナーを守り，フェアに競うことに取り組もうとすることを示している。そのため，仲間の健闘を認めることで，互いを尊重する気持ちが強くなること，ルールやマナーを守ることで，陸上競技の独自の楽しさや安全性，公平性が確保されることを理解し，取り組めるようにする。

概念知（する意味）

仲間の健闘を認めることで，互いを尊重する気持ちが強くなること，ルールやマナーを守ることで，陸上競技の独自の楽しさや安全性，公平性が確保されることを理解し，取り組めるようにするため

具体知（何をするのか）

・勝敗や個人の記録などの良し悪しにかかわらず全力を尽くした結果を受け入れ，仲間の健闘を認めようとすること
・規定の範囲で勝敗を競うといったルールや，相手を尊重するといったマナーを守り，フェアに競うこと

教師の働きかけ

〈場面・教材〉
1 H　オリエンテーション
　陸上競技の特性の説明の際，仲間の健闘を認めることで尊重する気持ちが強くなること，ルールやマナーを守ることで，陸上競技の独自の楽しさや安全性，公平性が確保されることの意義を伝える。
2 H　1 Hで出た陸上競技のフェアなプレイをもとに意識と行動についてどのように取り組むか，その内容を示すチームフラッグを作成する。
3 H～6 H　最大スピードを高めて走るためとタイミングを合わせたバトンパスリレーをするために必要な動きをそれぞれ習得する。
5 H・7 H　相互観察で仲間に自己の考えたことを伝える。
6 H　これまでの学習の取り組みを振り返り，チームフラッグを加筆修正する。
8 H　チームフラッグを完成させ，学習全体を振り返る。

〈発問〉
1 H
　陸上競技のフェアなプレイとはどのようなことでしょうか？
2 H
　仲間の健闘を認めたり，称えたり，フェアに競うことに必要なことは何でしょう？
3 H～7 H
　全力を尽くすことで感じられることは何でしょう？
6 H
　これまでの学習をチームフラッグをもとに振り返ってみましょう。
8 H
　全員が楽しんだり，達成感を味わうためのルールの工夫や仲間への配慮をあげてみましょう。

5 本時の展開

(1)指導の流れと重点

　本時は，8時間配当の6時間目であり，「態度②勝敗などを認め，ルールやマナーを守ろうとしている。（公正）」の指導を行う。仲間の健闘を認めることで互いを尊重する気持ちが強くなること，ルールやマナーを守ることで，陸上競技の独自の楽しさや安全性，公平性が確保されることを理解するため，これまでの学習の取り組みやミニゲーム等を振り返り，2時間目に作成したチームフラッグをチーム評価し，話し合いをしながら加筆修正することで「公正」な態度につながる知識を押さえる。

(2)評価の重点

　「技能③リレーでは，次走者がスタートするタイミングやバトンを受け渡すタイミングを合わせることができる。（バトンパス）」について言ったり，デジタル学習シート（タブレット）に書き出したりしているかを評価する。

⑶本時の流れ（6／8） ※態度に関する指導を中心に記述している

時間	学習内容（□）　　活動（○）	留意点（＊）　　評価（☆）
はじめ8分	○整列，健康観察，準備運動 ○前時の振り返り Ｔ：お互いにバトンパスを見合い，よいところや課題を見つけてもらいました。どのようなことが課題として出ましたか。 〈予想される生徒の答え〉 受け渡しのタイミングが合っていない，受け手側の加速が足りない，受け手側が振り向いてバトンをもらっている等 ○本時のねらい 発問：短い距離でもタイミングを合わせてバトンパスをするためにはどのようなことが必要なのだろう。 〈予想される生徒の考え〉 バトンパスの成功率かな，加速がスムーズにできるマークの位置かな等 Ｔ：今日のミニレースは，リレー競走です。リレーはチームでバトンをつなぎ，速さを競い合う種目です。タイミングを合わせたバトンパスが要ですね。	＊ペア・ラジオ体操後に体と心がほぐれたか声をかける。 ＊必要に応じて，気付きを促すためにチームでの取り組みの様子等を映像や画像で提示する。
	（技能③リレーでは，次走者がスタートするタイミングやバトンを受け渡すタイミングを合わせること。（バトンパス）） **態度②勝敗などを認め，ルールやマナーを守ろうとすること。（公正）**	
なか37分	○タイミングを合わせてバトンを受け渡す方法について知り，メリットとデメリットを考える (1)振り向く方法のバトンパス ・確実に渡せる　　・スピードが上げにくいのではないか等 (2)振り向かない方法のバトンパス ・スピードが上がる　　・バトンの受渡しに失敗するかもしれない等 ○ミニゲーム（短い距離でのチームリレー） ルール：4人×50mリレー，テイク・オーバーゾーン（20m）で受け渡し，スタートからフィニッシュまでのタイムを競う ○これまでの学習の振り返り ・チームフラッグの加筆修正を行う。 Ｔ：チームでフェアプレイ宣言していましたが，全員で振り返り，現状を教えてください。フラッグの内容については加筆や修正をして構いません。 〈予想される生徒の修正例〉 これまで：結果にとらわれずに互いの頑張りを声に出している，終わった後は全員でハイタッチをすることはできたから継続していこう等 これから：ゲームの前に円陣を組もう，仲間の健闘を称えるには自チームだけではなく相手チームが勝った場合も称えることになると思うので相手のチームにも拍手をしていこう等	＊タブレットで行い方を確認できるようにする。 ＊態度形成のもととなる行動や場面等があれば大いに褒める。 ┌─────────────────┐ ☆**評価規準：観察** 技能③リレーでは，次走者がスタートするタイミングやバトンを受け渡すタイミングを合わせることができる。（バトンパス） └─────────────────┘ ＊必要に応じて，気付きを促すためにチームでの取り組みの様子等を映像や画像で提示する。 ┌─────────────────┐ ☆**評価**：態度②7時間目に評価 └─────────────────┘
まとめ5分	○本時の振り返り ・これまでの学習で自己やチームの行動や発言の際に気付いたことについてと，これからの学習でさらに大切にしたい行動をデジタル学習シート（タブレット）に入力する。 ○次時の学習内容の確認をする	

6 本単元の「主体的に学習に取り組む態度」の評価の工夫

⑴評価方法の工夫

　本事例では，本時の展開で，「②勝敗などを認め，ルールやマナーを守ろうとしている。（公正）」の指導を中心に事例を取り上げている。単元では，評価規準を単元構造図で設計し，デジタル学習シート（タブレット）への記述と観察で評価をしている。「主体的に学習に取り組む態度」の評価では，なぜ，取り組むのか（概念知），どのように取り組むのか（具体知，方法知）を学習の見通しとして指導した上で，各項目の理解状況を指導日に確認する。また，単元で重視する「公正」に関わる価値や意義を理解し，自らの意思で行動できるようにするために，思考・判断・表現と態度②との関連を図り指導と評価を行う。6時間目では，チームごとに示したフェアプレイをチームフラッグに加筆修正しながらチーム評価する場面や話し合いを観察評価する。毎時間，振り返りの時間でデジタル学習シート（タブレット）への記入も行う。

　「公正」の態度を高めていく，単元の指導の工夫は，次の通りとしている。

	学習活動	学習内容
1時間目	フェアプレイについて考える	・陸上競技における「フェアプレイ」について，これまでの経験を振り返りながら自分の考えをもつ。 ＊「公正」につながる知識を押さえる。
2時間目	チームフラッグの作成	・仲間の健闘を認めることや，全員が安心して学習を行えるようにするために必要なことを出し合い，言葉にして旗に書き込む。（チームフラッグの作成）
5・7時間目	相互評価①②	・相互観察をして仲間のバトンパスの課題を見つけ，成果を伝え合う。 ＊これまでの仲間の健闘を認め合う発言，ルールを意識した行動の様子を観察評価する。
6時間目	チームフラッグの加筆修正	・これまでのミニゲームの振り返りとチームフラッグを加筆修正する。 ＊話し合いの様子，発言，学習シートの振り返りの記述を評価する。
2〜7時間目	ミニゲーム	・ミニゲームの場面を6回設定し，知識と技能を身に付ける。 ・積極的に自己やチームの記録更新に挑戦したり，他のチームと競い合う楽しさを味わう。 ＊話し合いの様子，発言内容，学習シートの振り返りの記述を評価する。

⑵判断の目安例（ルーブリック）

規準	A十分満足できる	Bおおむね満足できる	C努力を要する
学びの姿 （Bは評価規準）	単元を通して，勝敗などを認め，ルールやマナーを守ろうとしている。	勝敗などを認め，ルールやマナーを守ろうとしている。（公正）	勝敗などを認め，ルールやマナーを守れずにいる。
「主体的に学習に取り組む態度」 公正の理解の程度	自己の勝敗の結果にかかわらず，仲間の健闘を認める発言や行動，記述内容から公正の視点への定着がみられる。	自己の勝敗の結果にかかわらず，仲間の健闘を認める発言や行動，記述がみられる。	何のためにその取り組みが大切かという説明や具体的な発言や行動がみられない。

行動観察による具体的な言動や行動 6時間目（全体）	単元を通して，勝敗や個人の記録などの良し悪しにかかわらず全力を尽くした結果を受け入れ，仲間の健闘を認める様子がみられる。	勝敗や個人の記録などの良し悪しにかかわらず全力を尽くした結果を受け入れ，仲間の健闘を認める様子がみられる。	練習や協力の場面でルール違反や他者へのマナー違反などの言動や行動がみられる。

⑶評価方法の実際

デジタル学習シート（振り返り）の例（部分略）

＊生徒へGoogleスプレッドシートを配付をする　　　【手順】入力後，教師へ提出→教師がコメントを入力→生徒へ返却

【知識・技能】

時数	記録1	評価	記録2	評価
1時間目 ／	陸上競技の特性や成り立ち		陸上競技のフェアプレイについての考え	
3時間目 ／	クラウチングスタートからのスムーズな加速をするためにどのような行い方があるか。		自己に合ったピッチとストライドで走るためにどのような行い方があるか。	
4時間目 ／	クラウチングスタートから力強く加速するためにどのような行い方があるか。		力まずにリズミカルに走るためにどのような行い方があるか。	

【思考・判断・表現】

時数	記録1	評価	記録2	評価
4時間目 ／	クラウチングスタートから力強く加速するためにどのような方法を選んで行ったか。		力まずにリズミカルに走るための練習方法についてどのようなことを選んで行ったか。	

【主体的に学習に取り組む態度】

時数	記録1	評価
7時間目 ／	これまでの学習やミニゲームを振り返り，チームフラッグの修正等時の話し合いで，どのようなことを仲間に伝えたか。また，仲間の考えから新たに気付いたことは何か。	

○「主体的に学習に取り組む態度」の評価は，主に行動観察によって行うが，行動のもととなる生徒の思いや考えをみとったり，生徒自身が行動や所作を振り返る機会としたりするために学習カード（タブレット）に記入できるようにした。その際，自分が何を学んだのか，学習内容と学習方法を知識にできるようなものになるよう工夫した。

○学習カードはタブレット端末のスプレッドシートで配付し，提出を求める。教師は生徒の振り返りを読み，コメント機能を活用し，価値付け等を行い生徒へ返却する。生徒もコメント返しができ，単元を終えた時の自己の変容にも気付くことができる。

5 第2学年（9時間）
話し合いや教え合いを通して，陸上競技に主体的に向き合う態度の育成

「主体的に取り組む態度」の評価の重点 協力

内容のまとまり 第1学年及び第2学年「C　陸上競技」

▶青木　哲也

1 単元の目標

(1)次の運動について，記録の向上や競争の楽しさや喜びを味わい，陸上競技の特性や成り立ち，競技の名称や行い方，その運動に関連して高まる体力などを理解するとともに，基本的な動きや効率のよい動きを身に付けることができるようにする。

ア　（短距離走・リレーでは，滑らかな動きで速く走ることがバトンの受渡しでタイミングを合わせること，長距離走では，ペースを守って走ること，）ハードル走では，リズミカルな走りから滑らかにハードルを越すことができるようにする。

(2)動きなどの自己の課題を発見し，合理的な解決に向けて運動の取り組み方を工夫するとともに，自己の考えたことを他者に伝えることができるようにする。

(3)陸上競技に積極的に取り組むとともに，（勝敗などを認め），（ルールやマナーを守ろうとすること），分担した役割を果たそうとすること，（一人一人の違いに応じた課題や挑戦を認めようとすること）などや，健康・安全に気を配ることができるようにする。

＊（　）内はほかの単元で指導

2 単元の評価規準

知識・技能		思考・判断・表現	主体的に学習に取り組む態度
知識	技能		
①陸上競技は，自己の記録に挑戦したり，競争したりする楽しさや喜びを味わうことができることについて，言ったり書いたりしている。（特性） ②陸上競技の各種目において用いられる技術の名称があり，それぞれの技術で動きのポイントがあることについて，学習した具体例を挙げている。（名称・行い方）	①遠くから踏み切り，勢いよくハードルを走り越すことができる。（踏切） ②抜き脚の膝を折りたたんで前に運ぶなどの動作でハードルを越すことができる。（抜き脚） ③インターバルを3又は5歩でリズミカルに走ることができる。（リズム）	①提示された動きのポイントやつまずきの事例を参考に，仲間の課題や出来映えを伝えている。（課題発見） ②提供された練習方法から，自己の課題に応じて，動きの習得に適した練習方法を選んでいる。（練習方法選択）	①陸上競技の学習に積極的に取り組もうとしている。（愛好的態度） ②仲間の学習を援助しようとしている。（協力） ③健康・安全に留意している。（健康・安全）

3 単元構造図

時数（右から左へ）： 1　2　3　4　5　6　7　**8**　9

学習の流れ

（上段・全時共通）出席確認、健康観察、準備運動、ねらいの確認

1時
- オリエンテーション ・ハードル走とは
- 知①特性
- ・学習の約束、進め方
- ・ウォームアップ ・試しの測定
- ・撮影 ・目標記録の設定
- ・グルーピング
- 態① 愛好的態度

2時
- ・ポイント確認
- 技③リズム　知②行い方
- ・3又は5歩でリズミカルに走る練習 ・速い位置からの踏切練習
- ・測定

3時
- ・ポイント確認
- ・資料の動きを見て、ポイントを確認し、基本の動きを習得する
- 技①踏切
- ・測定 ・撮影

4時
- ・教え合い活動
- ・学習成果の確認 ・自己及び他者の課題発見
- 思①課題発見
- ・練習計画作成 ・練習計画に基づいてグループ活動

5時
- ・グループ活動
- ・相互観察しながら活動
- 技②抜き脚
- ・測定 ・撮影
- ・安全に配慮して行う
- 態③健康・安全

6時
- ・グループ活動
- ・相互観察しながら活動
- 態②協力
- ・測定 ・撮影

7時
- ・教え合い活動
- ・学習成果の確認 ・自己及び他者の課題発見 ・練習方法の見直し ・修正した練習内容を確認しながらの活動
- 思②練習方法

8時
- ・グループ活動
- ・相互観察しながら活動
- ・グループで役割を分担して行う ・安全に配慮して行う

9時
- ・役割分担決め
- ・記録会
- ・今まで学習した成果を発表する
- ・撮影 ・記録
- ・単元のまとめ

（下段・全時共通）整理運動、まとめ、振り返り・次時の課題

評価

知識	①特性　②行い方　③リズム
技能	①踏切　②抜き脚
思・判・表	①課題発見　②練習方法
態度	①愛好的態度　②協力　③健康・安全

総括的評価

4 学びに向かう力，人間性等の指導の工夫マップ

解説の表記（学年：1・2，領域：陸上競技，態度の内容：協力）

> **仲間の学習を援助しようとすること**とは，練習の際に，仲間の記録を計るなどの補助をしたり，技術の行い方などの学習課題の解決に向けて仲間に助言したりしようとすることなどを示している。そのため，仲間の学習を援助することは，自己の能力を高めたり，仲間との連帯感を高めて気持ちよく活動したりすることにつながることを理解し，取り組めるようにする。

概念知（する意味）

| 自己の能力を高めたり，仲間との連帯感を高めて気持ちよく活動したりすることにつながるため |

具体知（何をするのか）

| 練習の際に，仲間の記録を測るなどの補助したり，技術の行い方などの学習課題の解決に向けて仲間に助言しようとすること |

教師の働きかけ

〈場面・教材〉

1H　オリエンテーションで個々の体力等の違いがあることを考えて，課題や挑戦を理解することの大切さを伝える。

5H　多様なインターバルや高さを考えてコースを準備したり，ハードルに代わる道具を選択するなどの工夫を話し合う。

8H　測定や撮影を通して見たフォームなどについて，自分の考えを伝え，仲間とともに向上する。

9H　仲間の助言を参考に試したことで，わかる，できるようになったことをまとめる。

〈発問〉

1H　誰もが楽しめるハードル走の楽しみ方とはどのようなものですか？

5H　全員が安全にハードル走に取り組めるように，練習場所や練習方法をどのように工夫しますか？

8H　記録測定やフォーム撮影を通して自分や仲間の課題がわかりますか？

9H　学習を通して，仲間と連帯したり気持ちよく活動できたことは何ですか？

5 本時の展開

(1)指導の流れと重点

　本時は，9時間配当の8時間目であり，これまでにハードル走の基本的技能を学習し，繰り返しの測定や撮影などを通して，教え合いや修正を重ねてきている。6時間目に，「態度②仲間の学習を援助しようとしている。（協力）」の指導を行う。前時までに，「態度①陸上競技の学習に積極的に取り組もうとしている。（愛好的態度）」「態度③健康・安全に留意している。（健康・安全）」などの態度に関する基本的知識やその態度を発揮する場は経験を重ねている。

(2)評価の重点

　ハードル走の学習の知識や技能を生かし，記録や撮影などの仲間を援助する活動で，仲間と協力することの楽しさや気持ちよさを考える場面を評価する。「態度②仲間の学習を援助しようとしている。（協力）」に関する態度が発揮される様相の観察評価や学習記録を通してその状況をみとる。

(3)**本時の流れ（8／9）**※態度に関する指導を中心に記述している

時間	学習内容（□）　　活動（○）	留意点（＊）　　評価（☆）
はじめ10分	○ペアやグループでグラウンドに出て，体調に合わせて，ジョギングとストレッチをする ○整列，出席点呼を受ける ○本時の学習の見通しをもつ (1)前時までの学習を確認する 　技能：ハードル走の踏切，抜き脚のポイントを掴んで，リズミカルに走ることに近づけたか (2)本日の学習のねらいを確認する 　態度：練習の際に仲間の記録を計ったり，技術の行い方について仲間に助言したりして，仲間の学習を援助しようとしている。 ・「なぜ，協力するのか」協力することの意義について確認する。	＊既習内容について，キーワード提示で確認させる。 ・踏切⇒ハードルからの距離，勢い，自分に合った踏切位置 ・抜き脚⇒畳んで，適切な高さで，素早く，前に走り越す ・リズミカル⇒インターバルの走り ＊協力の概念知を確認した上で，具体的な場面や所作について，グループで考えさせる。 ＊ハードル走の学習を通して，仲間と協力してスポーツの楽しみ方を体現する時間であることを説明する。
	態度②仲間の学習を援助しようとすること。（協力）※6時間目に指導	
なか30分	○50m～80mハードルの記録の測定と撮影を通して，仲間への助言を実践する (1)ペアをベースにしたグループで，複数回の試技をしながら，測定や撮影の分担を確認する 〈ベースのセッティング〉 80mハードル，高さ約70cm，9台， スタートから1台目13.0m，インターバル7.0m，最終ハードルからフィニッシュ11mを測定の基準，練習は適宜，動かす。 スターター 試技者 計測者 ↑撮影 (2)役割を確認し，トライアルを行う	＊グループやペアで役割分担とローテーションを決めて活動することを確認する。 〈想定されるつまずき〉 ＊高さやインターバルの不適合 →容易に跳べる障害（ミニハードルなどの道具）や歩幅に合ったインターバルを一緒に考え，セッティングをする。 ＊試技することへの恥ずかしさ →見られることへの抵抗を減らすために，ペア活動をベースに広げていく。 ☆評価規準：観察・ワーク（振り返り） 態度②仲間の学習を援助しようとしている。（協力）
まとめ10分	○本日の学習で仲間から受けた助言によって，自分の変化や自分がした助言などを，発表したり，振り返りに入力する ○次時は，これまでの学習で学んだことをパフォーマンスとして発揮できるように記録測定会を実施することを確認する	＊個人の能力に応じたハードルのセッティングを見付けて，リズミカルで躍動感のある楽しさ，達成感を感じとるために，助言や協力ができたかの視点で振り返りを促す。 ＊自分の一番よい走りを目指して楽しむことを強調する。

6 本単元の「主体的に学習に取り組む態度」の評価の工夫

⑴評価方法の工夫

　本事例では，本時の展開で，「②仲間の学習を援助しようとしている。（協力）」の指導を中心に事例を取り上げている。

　単元では，3つの評価規準を単元構造図で設計しているが，1時間目のオリエンテーションで，ハードル走への取り組み方を指導する中で，基本的な技能や態度に関する知識を学ぶようにする。その後の実技の体験を通して，3時間目に「愛好的態度」，5時間目に「健康・安全」，本事例の8時間目に「協力」について，観察評価をしている。

　「主体的に学習に取り組む態度」の評価では，なぜ，取り組むのか（概念知），どのように取り組むのか（具体知，方法知）を指導した上で，めあてとして示し，理解状況を確認している。

　その上で，表出している姿を観察によりみとることになるが，「わかって，できる」という認識と行動をつなぐ学習を充実している。

　協力の態度を高めていく，単元の指導の工夫は，次の通りとしている。

1 H　オリエンテーション

　　　個々の体力等の違いがあることを考えて，課題や挑戦を理解することの大切さを伝える。

5 H　多様なインターバルや高さを考えコースを準備したり，ハードルに代わる道具を選択したりするなどの工夫を話し合う。

8 H　測定や撮影を通して見たフォームなどについて，自分の考えを伝え，仲間とともに向上する。

9 H　仲間の助言を参考に試したことで，わかる，できるようになったことをまとめる。

⑵判断の目安例（ルーブリック）

規準	A十分満足できる	Bおおむね満足できる	C努力を要する
学びの姿 （Bは評価規準）	態度のもととなる知識を理解し，言動が安定的に出現している。	仲間の学習を援助しようとしている。（協力）	協力への理解が不十分で，言動に肯定的姿勢が不足している。
「主体的に学習に取り組む態度」 協力の理解の程度	記述に，概念をもとにした具体的行動が明示されている。	仲間の学習を援助することにより，自己の能力を高めたり，仲間との連帯感を高めたりして気持ちよく活動している。	協力の記述（3・5時間目）が不十分であり，手立て後の加筆もみられない状況。
行動観察による具体的な言動や行動 8時間目（全体） 9時間目（補足）	・献身的なサポート姿勢，取り組み。 ・9時間目の他者への意識の高い行為。	・ゲームの受け入れ，他者への配慮，肯定的声かけ。 ・8時間目の努力を要する状況の生徒の肯定的変化。	・受動的姿勢。 ・配慮のない言動等。 ・参加拒否。

⑶評価方法の実際

○毎時間　　毎時の振り返り（本時の学習の自分の変化状況等）Microsoft Forms の入力

	観　点	学習	評価
知識	①自己の記録に挑戦したり，競争したりする楽しさや喜びを味わうことができることについて，言ったり書いたりすること。（特性）		
	②ハードル走において用いられる技術の名称があり，それぞれの技術で動きのポイントがあることについて，具体例を挙げること。（名称・行い方）		
技能	①遠くから踏み切り，勢いよくハードルを走り越すこと。（踏切）		
	②抜き脚の膝を折りたたんで前に運ぶなどの動作でハードルを越すこと。（抜き脚）		
	③インターバルを３又は５歩でリズミカルに走ること。（リズム）		
思考・判断・表現	①提示された動きのポイントやつまずきの事例を参考に，仲間の課題や出来映えを伝えること。（課題発見）		
	②練習方法から，自己の課題に応じて，動きの習得に適した練習方法を選ぶこと。（練習方法選択）		
態度	①陸上競技の学習に積極的に取り組もうとする。（愛好的態度）		
	②仲間の学習を援助しようとする。（協力）		
	③健康・安全に留意する。（健康・安全）		

毎時の振り返りを単元全体の学習評価内容に沿った項目で実施する。生徒はアンケート機能のある学習支援アプリで入力し，教師が集計や全体の状況を把握しやすいようにする。

「めあて」をもとに「学習」の項目に○をし５段階で自己評価を行ったり，助言をしたり，受けたりしての気付きを文章で入力した。

○8時間目　観察

　教え合いやグループ活動を継続し，実施しているので，めあての「ハードル走の学習の中で，自己の能力を高めたり仲間との連帯感を高めて気持ちよく活動したりすることを体現しよう」ということを明確に伝え，仲間との活動や自身の成長について，焦点化して観察評価する。

　判断の目安として，技能や運動の行い方に関するコメントを介して，仲間を称賛したり，仲間の試技への援助の動きを具体的に行動化できるかを観察する。

　実際の中で，(A)にあたるような発言や行動は，その場で教師が称賛し，活動が活性化するよう声かけを行う，教師が同様の声かけを示すことで(C)にあたる生徒への見本を示す。

　本時に学習した内容は，様々なスポーツに共通する部分であるので，(C)と判断した生徒には，その原因を尋ね，望ましい発言や行動を示すなど，次の運動場面でも支援することを伝える。

　併せて「振り返り」を記入する際に，「めあて」についてどの程度近付けたかを上記の態度の②に沿って，特に記述コメントをするよう指示する。

○9時間目　補足観察

　まとめの記録測定会としているため，特別に観察機会を設けるのではなく，授業の中で取り組みの様子や具体的な助言が見られた場合に加点を記録する。

　最終時間は，評定へつながる評価の確認となるため，観察評価で実施した「技能」及び「主体的に学習に取り組む態度」については，単元を通した内容全体の確認を実施する。

6 第3学年（12時間）

カリキュラム・マネジメントの視点を踏まえた事故防止，健康・安全の意識の育成

「主体的に取り組む態度」の評価の重点 健康・安全

内容のまとまり 第3学年「D 水泳」

▶佐藤 若

1 単元の目標

(1)次の運動について，記録の向上や競争の楽しさや喜びを味わい，技術の名称や行い方，（体力の高め方），運動観察の方法（など）を理解するとともに，効率的に泳ぐことができるようにする。

(2)泳法などの自己や仲間の課題を発見し，合理的な解決に向けて運動の取り組み方を工夫するとともに，自己の考えたことを他者に伝えることができるようにする。

(3)（水泳に自主的に取り組むとともに），（勝敗などを冷静に受け止め，ルールやマナーを大切にしようとすること），自己の責任を果たそうとすること，一人一人の違いに応じた課題や挑戦を大切にしようとすることなどや，水泳の事故防止に関する心得を遵守するなど健康・安全を確保することができるようにする。

＊（　）内はほかの単元で指導

2 単元の評価規準

知識・技能		思考・判断・表現	主体的に学習に取り組む態度
知識	技能		
①水泳の各種目で用いられる技術の名称があり，それぞれの技術には，効率的に泳ぐためのポイントがあることについて，具体例を挙げている。（行い方） ②自己の動きや仲間の動き方を分析するには，自己観察や他者観察などの方法があることについて，言ったり書き出したりしている。（観察方法）	（背泳ぎ）※他は略 ①水面上の腕は肘を伸ばし，肩を支点にして肩の延長線上に小指側からまっすぐ入水することができる。（プル） ②一連のストロークで，肩をスムーズにローリングさせることができる。（コンビネーション） ③両手でプールの縁やスターティンググリップをつかんだ姿勢から，スタートの合図と同時に頭を水中に沈めながら力強く壁を蹴り，水中で抵抗の少ない仰向けの姿勢にする一連の動きから，泳ぎだすことができる。（スタート）	①選択した泳法について，合理的な動きと自己や仲間の動きを比較して，成果や改善すべきポイントとその理由を仲間に伝えている。（課題発見） ②自己や仲間の技術的な課題やその課題解決に有効な練習方法の選択について，自己の考えを伝えている。（練習選択） ③健康や安全を確保するために，体調や環境に応じた適切な練習方法等について振り返っている。（健康・安全） ④バディやグループで分担した役割に関する成果や改善すべきポイントについて自己の活動を振り返っている。（責任） ⑤水泳の学習成果を踏まえて，自己に適した「する，みる，支える，知る」などの運動を継続して楽しむための関わり方を見付けている。（生涯スポーツ）	①仲間と互いに合意した役割について自己の責任を果たそうとしている。（責任） ②一人一人の違いに応じた課題や挑戦を大切にしようとしている。（共生） ③水の事故防止の心得を遵守するなど健康・安全を確保している。（健康・安全）

3 単元構造図

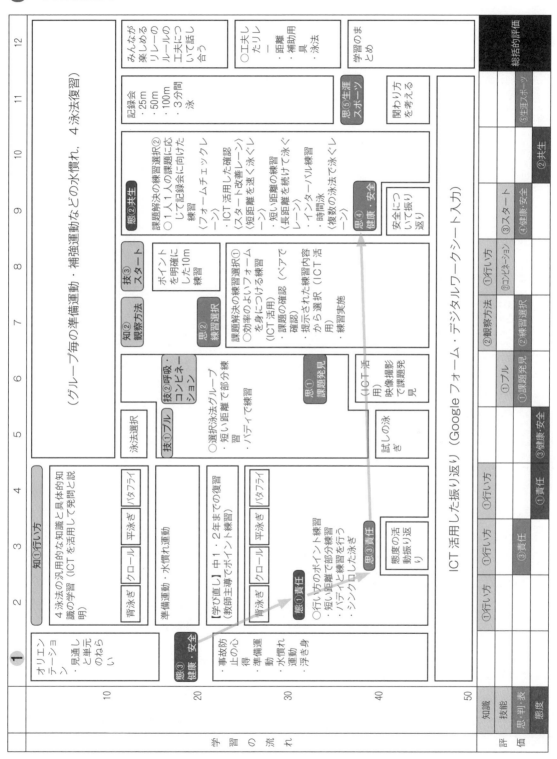

4 学びに向かう力，人間性等の指導の工夫マップ

解説の表記（学年：3，領域：水泳，態度の内容：健康・安全）

水泳の事故防止に関する心得とは，自己の体力や技能の程度に応じて泳ぎ，無理な潜水は意識障害の危険があるため行わない，溺れている人を見付けたときの対処としての救助の仕方と留意点を確認するなどといった健康・安全の心得を示している。
健康・安全を確保するとは，水温や気温の低いときは活動の仕方や水に入る時間に配慮して活動する，自己の体調や技能の程度に応じて段階的に練習するなどを通して，健康を維持したり自己や仲間の安全を保持したりすることを示している。そのため，プールや用具に関する取り扱い方，また練習場所に関する安全や体調に留意して運動するなどの留意点などを理解し，取り組めるようにする。

概念知（する意味）

・人的要因や環境要因に関わる危険を予測し，それぞれの要因に対して適切な対策を行うことが必要であるため
・人的要因に対しては，心身の状態や周囲の状況を把握し，判断して，安全に行動すること，環境要因に対しては，環境を安全にするために，道路などの交通環境などの整備，改善をすることがあるため
・心肺停止に陥った人に遭遇したときの応急手当としては，気道確保，人工呼吸，胸骨圧迫，AED（自動体外式除細動器）使用の心肺蘇生法があるため
・プールや用具に関する取り扱い方，また練習場所に関する安全や体調に留意して運動するため

具体知（何をするのか）

・自己の体力や技能の程度に応じて泳ぐ，無理な潜水は意識障害の危険があるため行わない，溺れている人を見付けたときの対処としての救助の仕方と留意点を確認すること
・水温や気温の低いときは活動の仕方や水に入る時間に配慮して活動する，自己の体調や技能の程度に応じて段階的に練習するなどを通して，健康を維持したり自己や仲間の安全を保持したりすること

教師の働きかけ

〈場面・教材〉

1H 人的要因や環境要因を予測して適切な対策が必要であることを伝える。
・自己の体力や技能に応じる無理な潜水はしない，救助の仕方と留意点を説明する。
・心肺停止の場合は，心肺蘇生法を行うことを確認する。
・活動前後はバディシステムで健康・安全を確認する。
・水慣れ運動や流れのある中で安全確保を体験する。
2H 役割に責任をもって自主的に取り組むことは，学習を円滑に進め，責任感を身につけることにつながると伝え，役割を提案する。
2〜9H 人的要因は心身の状態や周囲の状況を把握し判断，環境要因は安全を確保するために整備，改善することを確認する。

〈発問〉

1H これまで川や海，プールなど水辺活動でヒヤリハットした経験はありますか？
・地域の川の映像から，危ないと思うことを見つけてみよう。
・大事な人が溺れていたら，あなたはどうしますか？
・意識のない人を見つけたら，どう対応しますか？
2H バディやグループで責任を果たす役割にはどんなことがありますか？責任を果たすと，学習や社会生活でどんなことにつながりますか？
2H〜 自分の体調とヒヤリハットの気付きを入力して確認しましょう。
9H ヒヤリハットした気付きについて，環境要因と人的要因に分けて挙げて対応策を考えましょう。

5 本時の展開

(1)指導の流れと重点

　本時は12時間配当の1時間目であり，オリエンテーション後に「態度③水の事故防止の心得を遵守するなど健康・安全を確保している。（健康・安全）」の指導を行う。保健の「(3)傷害の防止(イ)交通事故などによる傷害の防止，(エ)応急手当の意義と実際」の内容と関連を図り，水辺活動等における事故の要因を人的要因と環境要因での危険予測や，救助の仕方やその対応など，カリキュラム・マネジメントの視点で指導する。

　視聴覚資料を用いて事故防止の知識を深め，活動前後はバディシステムで自分や仲間の安全を確保したり，水慣れ運動の中で健康・安全の確保につながる内容を指導するなど，事故防止への意識を高める。

(2)評価の重点

　「態度③水の事故防止の心得を遵守するなど健康・安全を確保している。（健康・安全）」については，身に付けるまでに時間がかかることから，評価は5時間目に設定しており，本時の重点的な評価は行わない。

(3)本時の流れ（1／12）※態度に関する指導を中心に記述している

時間	学習内容（□）　　活動（○）	留意点（＊）　　評価（☆）
はじめ10分	○整列，出席点呼を受ける ・体調不良等で，見学，運動量の調整等の配慮を求める場合は申し出る。 ○単元と本時の学習の見通しをもつ (1)オリエンテーション ・単元の目標を明示し，単元全体の道筋を確認する。 ・主な学習内容と評価の方法について説明を聞く。 (2)本日の学習のねらいを確認する 　ねらい：水の事故防止の心得を理解し，遵守するなど健康・安全を確保できるようになろう。	＊パワーポイントで視覚化し，単元の目標，道筋，本時の内容と流れをわかりやすく掲示する。

> 態度③水の事故防止の心得を遵守するなど健康・安全を確保すること。（健康・安全）

時間	学習内容（□）　　活動（○）	留意点（＊）　　評価（☆）
なか33分	○事故防止の心得と健康・安全の留意点について説明を聞く (1)これまでの水泳授業ルールと川や海，プールで遊んだりする中でのヒヤリハット体験を出し合う (2)溺れている人を見つけたときにどのように助けたらよいのか，隣の人と話す (3)救助された人が心肺停止の場合の応急手当の方法を話し合って確認する ○準備運動（プールサイドで基本運動，水中でボビング等） ○バディシステムで健康・安全等の確認 ○中学2年までの学習の復習と水慣れ運動 (1)バディと水慣れ運動（じゃんけんを用いて） ・勝った人が負けた人の両足の間をくぐり抜ける。 ・負けた人は逃げて勝った人は追いかける。（水中走り，泳ぐ） (2)6人グループで手をつなぎ，輪になって流れを作り浮いてみる ・流れに逆らって，動く・泳ぐ体験をする。 (3)自分が一番浮いていられる姿勢で浮き身が何秒できるか確認する。 (4)呼吸の確保がしやすい背浮きをバディで行う ・バディは頭と腰を支え，できたらサポートなしで行う。	＊水の事故はプールだけでなく，自然活動で起きることが多いことを理解させる。 ＊保健で学習した人的要因と環境要因と応急処置の内容を関連付ける。 ＊活動中にバディの安全確認ができるよう促す。 ＊流れのある中で身の保全の方法を体験する。 ☆評価：態度③5時間目に評価
まとめ7分	○バディシステムで安全と体調確認 ○事故防止の留意点と救助法について，選択式の問題と記述内容をタブレットに入力する ○事故防止と健康・安全について，具体知を確認する ○次時の連絡を行う	＊バディシステムで仲間の安全を確保することは，汎用的に活用できることを説明する。 ＊2時間目以降，体調やヒヤリハットの気付きを入力することを説明し，単元を通して留意させる。

085

6 本単元の「主体的に学習に取り組む態度」の評価の工夫

(1)評価方法の工夫

　本事例では，本時の展開で，「③水の事故防止の心得を遵守するなど健康・安全を確保している。（健康・安全）」の指導を中心に事例を取り上げている。単元では，3つの評価規準を単元構造図で設計している。「①仲間と互いに合意した役割について自己の責任を果たそうとしている。（責任）」については，2時間目に指導し，4時間目に観察評価をしている。「②一人一人の違いに応じた課題や挑戦を大切にしようとしている。（共生）」については，9時間目に指導して10時間目に観察評価を行う。

　「主体的に学習に取り組む態度」の評価では，なぜ，取り組むのか（概念知），どのように取り組むのか（具体知，方法知）を指導した上で，各項目の理解状況を指導日に確認している。特に，本事例で取り扱う「事故防止の心得」については，体験することが難しいことから，具体知の確認について，生徒は Google フォームを用いて入力し，教師は理解が不十分な生徒にはフィードバックを行うなどの手立てを行い，その上で，「わかって，できる」という行動化につなげる学習を充実させる。

　健康・安全の態度を高めるために，次のように，他の指導事項と関連を図ることとしている。

1 H　オリエンテーションにて水泳の特性の説明の際，事故防止の心得についてと意義と具体的内容を伝え，水慣れ運動や浮き身などを行う活動の中で安全に関する体験を行う。

2 H　仲間と互いに合意した役割について，自己の責任を果たすことは，水泳の学習を円滑に進めることや社会生活を過ごす上で必要な責任感を身に付けることにつながることを伝える。

3 H　バディの役割について，改善すべきポイントについて自己の活動を振り返る。

9 H　各自入力したヒヤリハットの気付きを環境要因と人的要因に分類して共有し，体調や環境に応じた適切な練習方法等について事故防止の心得を確認して対応策を考える。

(2)判断の目安例（ルーブリック）

規準	A十分満足できる	Bおおむね満足できる	C努力を要する
学びの姿 （Bは評価規準）	態度のもととなる知識を理解し，言動が安定的に出現している。	水の事故防止の心得を遵守するなど健康・安全を確保している。（健康・安全）	健康・安全への理解が不十分で，言動に肯定的姿勢が不足している。
「主体的に学習に取り組む態度」 事故防止の心得，健康・安全の理解の程度	記述が，概念をもとに，保健の知識を踏まえて具体的行動が明示されている。	・自己の体力や技能の程度に応じて泳ぐ，無理な潜水は行わない，溺れている人を見つけたときの対応の仕方としての救助の仕方と留意点があることを理解している。 ・水温や気温の低いときは活動の仕方や水に入る時間に配慮して活動する，自己の体調や技能の程度に応じて段階的に練習するなど，健康を維持したり自分や仲間の安全を確認することを理解している。	健康・安全の記述（1時間目）が不十分であり，手立て後の加筆もみられない状況。

行動観察による具体的な言動や行動 5時間目（全体） 6〜12時間目（補足）	・どのような場面においても常に自分や仲間の体調を確認し，体力や技能レベルに応じた活動を行っている。	・自身や仲間の体調や行動，環境への変化などへの健康・安全確保を確認し，体力や技能レベルに応じた活動を行っている。 ・2〜5時間目の努力を要する状況での指導からの肯定的変化。	・体調を踏まえず無理な活動を行っている。 ・バディの健康・安全確認ができない。

⑶評価方法の実際

○1時間目　（態度のもととなる知識の理解状況を確認）

　事故防止の心得と健康・安全の留意点について，態度のもととなる具体的知識と汎用的知識を，記述式と選択問題を用いて確認する。生徒の回答を確認し，理解が乏しい生徒へは振り返りに手立てのコメントをフィードバックする。

○2時間目以降　水泳学習デジタルカードを活用し，自分の体調とともに，健康・安全に関するヒヤリハットの気付きを入力する。

○5時間目　観察評価　判断の目安例を参考に，水温などの環境や，自分と仲間の健康・安全に気を配りながら事故防止に留意した言動がとられているかを観察する。特に努力を要する生徒がいた場合は，即座に声をかけてサポートを行う。

○9時間目　学習カードへ各自入力した内容をグループで確認して，体調や環境に応じた適切な練習方法等について振り返りを行う。

○6〜12時間目　補足観察

　授業の中で取り組みの変化がみられた場合に加点減点を記録するなど，継続的に評価を行い，12時間目に確定のための最終確認を実施する。

事故防止について気をつけることを（　　　）の中に言葉を入れなさい＊
①自分の（　　　）や技能レベルに合わせて泳ぐ

記述式テキスト（短文回答）

事故防止について気をつけることを（　　　）の中に言葉を入れなさい＊
②無理な（　　　）は意識障害の危険があるためしないこと

記述式テキスト（短文回答）

③溺れた人を見つけたときの救助をするときに気をつけることを3つ書きなさい＊

記述式テキスト（短文回答）

次の内容で、正しいことを全て選びなさい

○ 水温や気温の低い時には、活動内容やプールに入る時間を考えて活動することが必要だ

○ 自分の体調が悪くても、先生に言われた内容やグループで決めた練習をすることが大切だ

○ 自分の技能のレベルに応じて、段階的にレベルアップできるように練習するとよい

○ もし服を着て水に落ちた時は、陸地を目指して全力で泳ぐことが大事である

フォーム例

水泳学習デジタルカード　　　3年○組○番　氏名 _____				
本日の体調（5大変良い、4良い、3普通、2あまり良くない、1体調不良）				
時数	日付	体調	【健康・安全】 ・気をつけたこと・ヒヤリハットの気づき	要因
2	○/○	4		
3	○/○	3	バディの顔色が悪かったので、声をかけた	環境・人的
4	○/○	3		
5	○/○	3	あまり泳げないけど、速い人と一緒に夢中で練習したら気分が悪くなり、途中で見学した	人的要因
6	○/○			
7	○/○	4	プールの水温が低く体が冷えたので、プールサイドで泳ぎを確認する時間を多くした	環境要因

水泳学習デジタルカード

7 第2学年（10時間）
単元の中で，参画の姿勢が高まっていく教材の提案と評価

「主体的に取り組む態度」の評価の重点　参画

内容のまとまり　第1学年及び第2学年「E　球技」

▶宮田　幸治

1　単元の目標

(1)次の運動について，勝敗を競う楽しさや喜びを味わい，球技の特性や成り立ち，技術の名称や行い方，（その運動に関連して高まる体力）（など）を理解するとともに，基本的な技能や仲間と連携した動きでゲームを展開することができるようにする。

ア　ゴール型では，ボール操作と空間に走り込むなどの動きによってゴール前での攻防をすることができるようにする。

(2)攻防などの自己の課題を発見し，合理的な解決に向けて運動の取り組み方を工夫するとともに，自己や仲間の考えたことを他者に伝えることができるようにする。

(3)（球技に積極的に取り組むとともに），フェアなプレイを守ろうとすること，作戦などについての話合いに参加しようとすること，一人一人の違いに応じたプレイなどを認めようとすること，仲間の学習を援助しようとすることなどや，（健康・安全に気を配ること）ができるようにする。

＊（　）内はほかの単元で指導

2　単元の評価規準

知識・技能		思考・判断・表現	主体的に学習に取り組む態度
知識	技能		
①球技には，集団対集団，個人対個人で攻防を展開し，勝敗を競う楽しさや喜びを味わえる特性があることについて，言ったり書き出したりしている。（特性） ②球技の各型の各種目において用いられる技術には名称があり，それらを身に付けるためのポイントがあることについて，具体例を挙げている。（行い方） ③対戦相手との競争において，技能の程度に応じた作戦や戦術を選ぶことが有効であることについて，言ったり書き出したりしている。（作戦選択の有効性）	①マークされていない味方にパスを出すことができる。 （フリーへパス） ②パスやドリブルなどでボールをキープすることができる。 （ボールキープ） ③パスを受けるために，ゴール前の空いている場所に動くことができる。（ゴール前の移動） ④ボールを持っている相手をマークすること（相手をマーク）	①提示された動きのポイントやつまずきの事例を参考に，仲間の課題や出来映えを伝えている。（課題設定） ②提供された練習方法から，自己やチームの課題に応じた練習方法を選んでいる。 （解決方法）	①マナーを守ったり相手の健闘を認めたりして，フェアなプレイを守ろうとしている。（公正） ②作戦などについての話合いに参加しようとしている。（参画） ③一人一人の違いに応じた課題や挑戦及び修正などを認めようとしている。（共生）

3　単元構造図

時数： 1　2　3　4　5　⑥　7　8　9　10

上段： 出席確認、健康把握、準備運動

学習の流れ

1時間目
- オリエンテーション・見通しと単元のねらい・安全留意
- チームの特徴と力を知ろう
  - 知① 特性
  - 知② 作戦選択の有効性
- 工夫したいハンドボール
  ①守りと攻めの制限ゾーン
  ②ゴール2か所
  ③キーパー移動あり

2時間目
- 作戦例の行い方を知る
  知③ 行い方
- 工夫したいゲームのルールで作戦を試すゲームを行う
  ①速攻
  ②クロスパス
  ③フェイントパス
  ④フェイントシュート
  ⑤組み合わせ
  態 ルールやマナーの順守

3〜5時間目
- 作戦の出来映えの調べ方の理解
- 動きのポイントを確認しながら、技能の向上に向けたタスクゲーム練習・ペアチームと攻守を時間で交代して練習
  技① フリーハベス
  技② ボールキープ
  技③ ゴール前の移動
  態② 共生
- 工夫したゲームで作戦を成功させよう

※ディフェンダー（守り）2人とフィールダー（攻め）4人＋キーパー1人の3つのポジション
- ※ディフェンダーは、Cの制限ゾーンのみで動くことができる。
- ※フィールダーは、A・Bのゾーンで攻め、守りの制限ゾーンには入ることとはできない。
- ※ゴールマンはゴールゾーンのみ。

- チームの特徴や個人の課題を考えよう（思考ツール活用）〈まるチャート〉
  視点例：パス、ゴール前の移動、協力、役割分担

6時間目（⑥）
- 作戦の解決の方法を話し合おう（思考活用）〈フィッシュボーン〉
  ・頭：改善したい作戦
  ・小骨：課題・改善・練習
  思② 解決方法
- ゲームにおける選択した作戦の出来映えを調べよう例
  ・バスの成功
  ・シュート数
  ・ボール軌跡【動画撮影可】
- 選択した作戦の成功度合いから課題を話し合おう（思考ツール活用）〈データチャート〉
  ・縦軸：バスの成功・ゴール前の移動
  ・横軸：よかった点、気になる点
  思① 課題設定
  態② 参画

7〜9時間目
- 課題解決の練習
  ・ペアチームと時間を加えて、攻守を交代しながら課題に優先順位を付けて選択
- 工夫したゲームでの確かめ
- 守りのポイントの理解と行い方
  技④ 相手をマーク
- 課題解決の練習・ペアチームで相手のマークを加えて、攻守を交代しながら課題に優先順位を付けて選択
- 工夫したゲームで作戦を成功させよう（ルールは5時間目と同じとするが、チーム間の得点差等に応じて見直しも検討）

10時間目
- 学習したことを生かして、ハンドボール大会を行おう
  ①ゲーム1
  ②振り返り1
  ③ゲーム2
  ④振り返り2
  ⑤ゲーム3
- チームの成長を各人の活躍や伸びを紹介し合おう

下段： 整理運動、振り返り・まとめ、時間外の課題確認

総括的評価（右端）

評価

	知識	技能	思判表	態度
	①特性　②作戦選択の有効性　②行い方	①フリーハベス　②ボールキープ　③ゴール前の移動　④相手をマーク	①課題設定　②解決方法	①公正　②共生　②参画

※ ゲームのルール・コートの工夫は、2011 東海大学体育学部小澤研究室考案「ザ・スポーツボール」（宮田修正）

4 学びに向かう力，人間性等の指導の工夫マップ

解説の表記（学年：1・2，領域：球技，態度の内容：参画）

> 作戦などについての話合いに参加しようとすることとは，自己の課題の解決に向けた練習方法や作戦について話し合う場面で，自らの考えを述べるなど積極的に話合いに参加しようとすることを示している。そのため，作戦などについて意思決定をする際には，話合いを通して仲間の意見を聞くだけでなく自分の意見も述べるなど，それぞれの考えを伝え合うことが大切であることを理解し，取り組めるようにする。

概念知（する意味）

> 積極的に話合いに参加しようとするため

具体知（何をするのか）

> 自己の課題の解決に向けた練習方法や作戦について話し合う場面で，仲間の意見を聞くだけでなく，自分の意見も述べること

教師の働きかけ

〈場面・教材〉

1H　オリエンテーション
　ゴール型球技（ハンドボール）の特性の説明の際，チームの作戦の成功を目指すことを知らせ，そのために，チームの仲間との話合いを通して，個人やチームの課題，その解決方法を明らかにして練習やゲームに取り組む大切さを伝える。

3H～5H（思考ツール：くま手チャート）
　毎時間の活動の後に，視点をもとにトリオで話し合って個人の課題を伝え合い，次時のドリルゲームにつなげる。

6H～7H（思考ツール：データチャート・フィッシュボーン）
　簡単なゲーム分析からチームで選択した作戦における課題と解決方法を伝え合い，チームの練習と目指すゲームの様相を共通理解する。

8H～9H（思考ツール：フィッシュボーン）
　練習⇒ゲーム⇒話合いの流れで活動し，話合いを深める。

〈発問〉

1H　チームで作戦例から作戦を選択し，その作戦を成功させて勝つためには，チーム内でどんなことが大切ですか？

3H～5H　チームの力を高めるために，個人の力を高めることも大切ですね。トリオで役割分担・協力して個人の課題を明らかにしてドリルゲームに取り組みましょう。

6H～7H　視点をもとにチームの課題や解決方法を話し合いましょう。話合いをするときに大切なことは何ですか？

8H～9H　作戦の成功に向けて，改善が必要な課題・解決方法を話し合いましょう。

5 本時の展開

⑴指導の流れと重点

　本単元では，「話合いに参加しようとする態度の習得」を単元を貫く教師の指導目標として単元計画を立て，意図的に話合いの場を設定している。本時は，10時間配当の6時間目であり，「思・判・表①提示された動きのポイントやつまずきの事例を参考に，仲間の課題や出来映えを伝えている。（課題設定）」の指導を行い，その指導に併せて「態度②作戦などについての話合いに参加しようとしている。（参画）」を指導する。

⑵評価の重点

　本時に学習する「思・判・表①提示された動きのポイントやつまずきの事例を参考に，仲間の課題や出来映えを伝えている。（課題設定）」を観察評価するとともに，振り返り時に設問を設定し，その回答を評価材料とする。

⑶本時の流れ（6／10）※態度に関する指導を中心に記述している

時間	学習内容（□）　　活動（○）	留意点（＊）　評価（☆）
はじめ10分	○整列，出席点呼を受ける ・呼名の際に，体調不良等で，見学，運動量の調整等の配慮を求める場合は，申し出るようにする。 ○2人組のスキルゲームを行う ・連続パス・キャッチ，2対1での壁当てゲーム。 ○本時の学習のねらいを確認する ねらい：作戦の出来映えを調べ，作戦成功に向けた課題を話し合おう。 **（思・判・表①提示された動きのポイントやつまずきの事例を参考に，仲間の課題や出来映えを伝えること。（課題設定））** **態度②作戦などについての話合いに参加しようとすること。（参画）**	＊本時の学習内容のポイントや活動の仕方について確認させる。 ＊話合い活動が増えることから，運動欲求の強い生徒に対して，本時の学習が次時以降に関連し，よりゲームも楽しくなっていくことを丁寧に説明する。
なか30分	○作戦の出来映えを調べ，チームの課題を話し合う ⑴出来映えを調べる方法を聞き，調べたいことを決め，役割を分担する 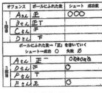 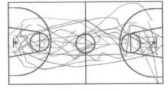 　　触球数調べ　　　　ボール軌跡図 ⑵工夫したゲームを行い，チームの状況を把握する ⑶把握したチームの状況をもとにして，チームの課題を話し合い，まとめる（ICT活用又は付箋紙） ・話合いをするときに大切なことを確認する。 ゲームでわかったチームの状況と視点をもとにチームの課題を考え，友達の意見を聞くだけでなく，自分の考えをチームのみんなに伝えることが作戦成功のために大切だね。 **チームの課題**
＊1コート3チームで短時間のゲームを行わせ，ゲームがないときは，出来映え調べの係をペアで担当させる。 ＊チームの状況の把握や課題設定の話合いの視点を説明し，仲間の意見を聞くだけでなく自分の気付きや考えを述べることが大切であることを押さえる。  ＊話合いに参加しようとしているか観察し，支援を行う。（結果を次時に生かす） 〈想定されるつまずき〉 ＊意見を述べることができない。 →出来映え調べからわかる顕著な課題についてのキーワードを示し，声かけを行う。 ＊具体的な意見となっていない。 →伝え方の例示を行い一緒に発言する。 ┌─────────────────────┐ ☆**評価：態度②9時間目に評価** └─────────────────────┘
まとめ10分	○本時の活動について振り返りを行うとともに，チームでの自身の行動や発言内容，仲間のよい意見をタブレットに入力し，その内容を全体に紹介する ○次時は，本時で明らかにした課題に対して，チームで作戦を選択して解決方法を考えることを確認する	☆**評価規準：学習カード（記述の入力）** 思・判・表①提示された動きのポイントやつまずきの事例を参考に，仲間の課題や出来映えを伝えている。（課題設定） ＊話合いの中で自分が述べた意見について，「技能のポイントの○○が，△△だった」と端的に記述（入力）するよう示す。

データチャート

6 本単元の「主体的に学習に取り組む態度」の評価の工夫

(1)評価方法の工夫

　本事例では，本時の展開で，「態度②作戦などについての話合いに参加しようとしている。（参画）」の指導を「思・判・表①提示された動きのポイントやつまずきの事例を参考に，仲間の課題や出来映えを伝えている。（課題設定）」の指導と関連させて指導する事例を取り上げている。

　次時は，本時の「課題設定」の話合い活動を受けて，「課題解決」の方法を考える話合いにつなげ，課題解決のPDCAサイクルの行い方の理解を深めるとともに，その活用を単元の最後まで行うこととして単元を設計して参画の姿勢が高まっていくことをねらっている。6時間目，7時間目に「わかった」と認識した活動を繰り返すことによって「できる」という行動につなぐ学習とし，身のこなし・しぐさとしてしようとしている姿を9時間目に観察によりみとる計画である。

　「参画」の姿勢を高めていく単元の指導の工夫は，次の通りとしている。なお，3時間目からは参画の姿勢をより高めるための場として，思考ツールを活用することとしている。

１H　オリエンテーション
　　　ゴール型球技（ハンドボール）の特性の説明の際，チームの作戦の成功を目指すことを知らせ，そのために，チームの仲間との話合いを通して，個人やチームの課題，その解決方法を明らかにして練習やゲームに取り組む大切さを伝える。

３H〜５H　毎時間の活動の後に，視点をもとにトリオで話し合って個人の課題を伝え合う。

６H〜７H　前時までの話合い活動の行い方をもとに，簡単なゲーム分析からチームで選択した作戦の課題と解決方法を伝え合い，チームの練習と目指すゲームの様相を共通理解する。

８H〜９H　6〜7時間目に行った課題解決のPDCAサイクルの行い方をもとに，練習⇒ゲーム⇒話合いの流れで活動し，話合いを深める。

(2)判断の目安例（ルーブリック）

規準	A十分満足できる	Bおおむね満足できる	C努力を要する
学びの姿 （Bは評価規準）	態度のもととなる知識を理解し，建設的な言動が安定的に出現している。	作戦などについての話合いに参加しようとしている。（参画）	参画への理解が不十分で，話合いへの関わりが見られない。
「主体的に学習に取り組む態度」 参画の理解の程度	記述が，概念をもとに仲間の発言に対して伝えた自分の考えが具体的に明示されている。	運動やスポーツを行う際は，課題解決に向けて話し合う場面で，感情的にならずに発言したり仲間の発言に同意したりすることが大切なことを理解している。	参画の記述（9時間目）が不十分であり，手立て後の加筆もみられない状況。
行動観察による具体的な言動や行動 9時間目（全体） 6〜8，10時間目（補足）	・話合い時の合意形成に向かう言動。 ・6〜8，10時間目の他者への意識の高い行為。	・仲間への肯定的な声かけ・同意。 ・ねらいに応じた冷静な発言。 ・6〜8時間目の努力を要する状況での指導からの肯定的変化。	・受動的姿勢。 ・感情的な行動，暴言等。 ・話合い参加拒否。

⑶評価方法の実際

本単元では，「話合いに参加しようとする態度の習得」を単元を貫く目標として，意図的に話合いの場を設定して参画の姿勢の向上に向ける。毎時間の Google フォームでの振り返り項目に「積極的な話合い参加」「考えを伝えること」について自己評価させ，話合いに積極的に参加しようとする姿につなげていく。(思考ツールの内容については，思考・判断・表現の評価)

○１時間目　本時の振り返り，Google フォーム入力（態度のもととなる知識の理解状況）

○３～５時間目　補助観察，Google フォーム入力，ロイロノート思考ツール入力

毎時間，教師が例示した視点をもとにトリオで個人の課題の気付きを伝え合い，思考ツールにまとめることとし，話合いの状況を確認し，必要に応じて支援の言葉を返信する。その際，話合い活動の最初は全体を鳥瞰しつつ，特に努力を要する生徒がいないかを確認する。

○６～７時間目　補助観察，Google フォーム入力，ロイロノート思考ツール入力

ここからはチームの仲間全員でチームの課題と解決の方法を話し合う場を設定する。思考ツールを用いて教師が例示した視点をもとに考えの伝え合いを行わせる。その際，全体を鳥瞰しつつ，特に努力を要するチームや生徒がいないかを確認するとともに，努力を要する状況(C)と判断した生徒には，重点的に支援する。まとめの時間では，特によい姿勢と考えられる具体的な言動を取り上げる。

○９時間目　全体観察

８時間目から「練習⇒ゲーム⇒話合い」の流れで，「作戦の成功に向けたチーム内での話合いが大切である」ことを確認する。話合いの場面では，「態度②作戦などについての話合いに参加しようとしている。(参画)」の姿を観察評価し，努力を要する状況(C)と判断した生徒には，声かけを行いサポートする。まとめの時間では，特によい姿勢と考えられる具体的な言動や所作を取り上げる。

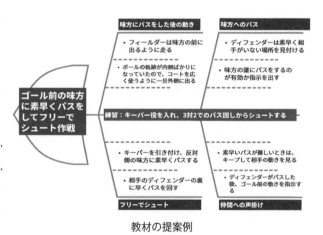

教材の提案例

アンケート例

○10時間目　補助観察（評価の総括）

９時間目に努力を要する状況(C)と判断した生徒には，ゲームの振り返り時に重点的に支援するとともに，最終時間となるため，観察評価で実施した「技能」及び「主体的に学習に取り組む態度」については，確定のための最終確認を実施する。

8 ブラインド・バレーボールを使った他者への配慮の意識の育成

第1学年（8時間）

「主体的に取り組む態度」の評価の重点　共生

内容のまとまり　第1学年及び第2学年「E　球技」

▶佐藤　豊

1 単元の目標

(1)次の運動について，勝敗を競う楽しさや喜びを味わい，球技の特性や成り立ち，技術の名称や行い方，（その運動に関連して高まる体力）などを理解するとともに，基本的な技能や仲間と連携した動きでゲームを展開することができるようにする。

イ　ネット型では，ボールや用具の操作と定位置に戻るなどの動きによって空いた場所をめぐる攻防をすることができるようにする。

(2)攻防などの自己の課題を発見し，合理的な解決に向けて運動の取り組み方を工夫するとともに，自己や仲間の考えたことを他者に伝えることができるようにする。

(3)球技に（積極的に取り組むとともに），（フェアなプレイを守ろうとすること，）（作戦などについての話合いに参加しようとすること，）一人一人の違いに応じたプレイなどを認めようとすること，仲間の学習を援助しようとすることなどや，健康・安全に気を配ることができるようにする。

＊（ ）内はほかの単元で指導

2 単元の評価規準

知識・技能		思考・判断・表現	主体的に学習に取り組む態度
知識	技能		
①球技には，集団対集団，個人対個人で攻防を展開し，勝敗を競う楽しさや喜びを味わえる特性があることについて，言ったり書き出したりしている。（特性） ②球技の各型の各種目において用いられる技術には名称があり，それらを身に付けるためのポイントがあることについて，具体例を挙げている。（行い方）	①味方が操作しやすい位置にボールをつなぐことができる。（パス） ②テイクバックをとって肩より高い位置からボールを打ち込むことができる。（スパイク） ③相手の打球に備えた準備姿勢をとることができる。（構え）	①提示された動きのポイントやつまずきの事例を参考に，仲間の課題や出来映えを伝えている。（課題発見） ②体力や技能の程度，性別等の違いを踏まえて，仲間とともに楽しむための練習やゲームを行う方法を見付け，仲間に伝えている。（共生）	①一人一人の違いに応じた課題や挑戦及び修正などを認めようとしている。（共生） ②練習の補助をしたり仲間に助言したりして，仲間の学習を援助しようとしている。（協力） ③健康・安全に留意している。（健康・安全）

3 単元構造図

時数（上軸）: 1　2　3　④　5　6　7　8　　総括的な評価

学習の流れ

出席確認、健康把握、準備運動

- オリエンテーション
  ・見通しと単元のねらい
  ・安全留意

- 二人組のアップ（パス、姿勢、定位置）

- 二人組のアップ・チームで課題を発見し、個人のスキルを高めよう

- 色々なパスの仕方
  ・アンダーハンド、オーバーハンド、レシーブ　　技①パス　知②行い方

- 一人一人の違いを考えよう　　思②共生　態①共生

- 自分に適したスパイクの仕方を習得しよう　　技②スパイク　知②行い方

- 簡易ルールによるラリー重視のゲーム（ワンバウンドOK）
  ・位置自由のアンダーハンドサーブ、手投げから選択
  ・スパイクはやさないで空いている場所への返球を意識しよう　　思①課題発見

- チームの団結力を高めよう　　知①特性　態③健康・安全

- ソフトバレーボール

- 準備姿勢
  ・ボールに体を向けよう　　技③構え

- 簡易ゲームでラリーを続けよう（作戦タイム）　　態②協力

- ブラインド・バレーボール

- 仲間と連携して、みんながスパイクを打てるようになろう（トスは、キャッチもOK）

整理運動、振り返り、時間外の課題確認

評価

区分	1	2	3	4	5	6	7	8
知識								
技能	①特性	②行い方	①パス		③構え	②スパイク		
思・判・表				②共生			①課題発見	①共生
態度	③健康・安全		②協力					

（左軸目盛り：10、20、30、40、50）

4 学びに向かう力，人間性等の指導の工夫マップ

解説の表記（学年：1・2，領域：球技，態度の内容：共生）

> 一人一人の違いに応じたプレイなどを認めようとすることとは，体力や技能の程度，性別や障害の有無等に応じて，自己の状況に合った実現可能な課題の設定や挑戦を認めようとしたり，練習の仕方やゲームの修正を認めようとしたりしようとすることを示している。そのため，運動やスポーツを行う際は，様々な違いを超えて，参加者全員が楽しんだり達成感を味わったりするための工夫や調整が求められる場合があることなどを理解し，取り組めるようにする。

概念知（する意味）

様々な違いを超えて，参加者全員が楽しんだり達成感を味わったりするため

具体知（何をするのか）

・体力や技能の程度，性別や障害の有無等に応じて，自己の状況に合った実現可能な課題の設定や挑戦を認めようとしたり，練習の仕方やゲームの修正を認めようとしたりしようとすること
・プレイヤーの人数，コートの広さ，用具，プレイ上の制限を工夫したゲームを取り入れること

教師の働きかけ

〈場面・教材〉

1H オリエンテーション
ネット型球技（バレーボール）の特性の説明の際，体力，技能の程度，性別や障害の有無等を超えて楽しむことの意義を伝える。
2H 仲間を援助することで，互いを高め合うこと，連帯感が高まることを伝える，具体的な協力のアイデアを生徒から募集する。
4H インクルーシブ教材から自身がサポートを必要とする立場を経験する。
5H～8H 簡易化されたゲームの中で，体験から共生への配慮を汎用化する。

〈発問〉

1H 障害にわたる豊かなスポーツライフにつながる他者との関わり方で大切なことはどんなことですか？
2H 協力する意味は何ですか？どのような協力の仕方があると思いますか？
4H ブラインド・バレーボールから学んだことは何ですか？
5H～8H
参加者全員が楽しんだり，達成感を味わうためのルールの工夫や仲間への配慮を挙げましょう。

5 本時の展開

⑴指導の流れと重点

　本時は，8時間配当の4時間目であり，技能では，パス及び準備姿勢を学習してきた。また，本時では，「態度①一人一人の違いに応じた課題や挑戦及び修正などを認めようとしている。（共生）」の指導を行う。前時までに，「態度②練習の補助をしたり仲間に助言したりして，仲間の学習を援助しようとしている。（協力）」を取り上げるとともに，個人の技能の違いから，意欲が失われないよう，仲間と協力してラリーを続けることを重視したゲームを取り上げている。

⑵評価の重点

　3時間目に学習した「態度②練習の補助をしたり仲間に助言したりして，仲間の学習を援助しようとしている。（協力）」を観察評価する。なお，思考・判断・表現②「共生」について，体験したことをもとに，チーム全員が楽しめるよう，ゲームの工夫等について提案したことや，他者の意見から気づいたことを学習カード（タブレット端末）に記入させる。

(3)本時の流れ（4／8）※態度に関する指導を中心に記述している

時間	学習内容（□）　　　活動（○）	留意点（*）　　評価（☆）
はじめ10分	○整列，出席点呼を受ける ・呼名の際に，体調不良等で，見学，運動量の調整等の配慮を求める場合は，申し出るようにする。 ○本時の学習の見通しをもつ (1)前時までの学習を確認する 　技能：パスと準備姿勢のポイントは？ 　態度：「練習の補助をしたり仲間に助言したりして，仲間の学習を援助しようとしている」 　・「なぜ，協力するのか」協力することの意義について確認する。 　自己の能力を高めたり仲間との連帯感を高めて気持ちよく活動したりすることにつながるから。 (2)本日の学習のねらいを確認する 　ねらい：ブラインド・バレーボールを通して，「一人一人の違い」に応じた課題や挑戦の仕方について配慮できるようになろう。 　(思・判・表②体力や技能の程度，性別等の違いを踏まえて，仲間とともに楽しむための練習やゲームを行う方法を見付け，仲間に伝えること。（共生）） 　態度①一人一人の違いに応じた課題や挑戦及び修正などを認めようとすること。（共生）	*既習内容について，ポイントカードで確認させる。 **○味方が操作しやすい位置にボールをつなぐこと** POINT　受け取る人の位置への返球 　　　　山なりの軌跡での操作のしやすさ 動きのコツ　落下地点，正面への素早い移動と早い構えづくり 　　　　　　チーム内の連携確認(意思表示，指示) 緩やかなボール　｜　強い，早いボール オーバーハンド ・前後認知と構え ・弾みと手の形 ・での横付近での止め方 ・ばねを使った返球 アンダーハンド ・前後認知と構え ・面で捉える腕の組み方 ・ボールの勢いを弱める受け止め 山なりの返球，トス，やまなりのサーブ　フェイント　強いスパイク，変化のあるサーブ *協力の概念知を確認した上で，具体的な場面や所作について，グループで考えさせる。 * UDの視点で授業の流れは掲示する。 *通常のルールで行いたい運動欲求の強い生徒に対して，本時の学習が次週以降に関連していくことを説明する。
なか30分	○ブラインド・バレーボールを体験する (1)ゲームのルールとポイントを聞く（チームの中で，男女ペア3組に分かれる） **ブラインド・バレーボール** ボールにコンタクトできるアイマスクをしたプレイヤーと後ろで指示ができるコーチャーの4人組で実施する ・ボールは，転がして相手チームに返球する ・サーブは，4人が一回ずつ行い，前後の役割を交代する (2)チーム練習（6人組）を行い，違いに応じた役割を確認する。 　プレイヤー，コーチャーを体験し，感覚をつかむ (3)審判等役割を決め，ゲームを行う 　・ゲームは，得点に関らずサーブは4人で順番に行って交代し，1分間の作戦タイムを設ける。	*ルールの説明時間を短縮できるよう練習をしながら，確認するよう促す。 〈想定されるつまずき〉 *指示が伝わらない →ブラインドでの感覚を体験することで，どのような声のかけ方で動けるのかを指示を出す側，受ける側，外から観察する側から考え，意見を共有する。 *方向感覚を失う →チームでのサポートの仕方を考える。 ┌─────────────────┐ ☆**評価規準：観察** 態度②練習の補助をしたり仲間に助言したりして，仲間の学習を援助しようとしている。（協力） ※指導は3時間目 └─────────────────┘ ┌─────────────────┐ ☆**評価：態度①7時間目に評価** └─────────────────┘
まとめ10分	○これからのチームでの自身の行動や発言の際に，役立つ気付きについて振り返りを発言し，タブレットに入力する ○次時は，スパイクの技能及びラリーを続けるゲームがよりできるようになることを目指すことを確認する	*全ての参加者の楽しさ，達成感を味わうために，プレイヤーの人数，コートの広さ，用具，プレイ上の制限の視点があり，その視点で振り返りを促す。 *汎用的に活用できることを強調する。 ┌─────────────────┐ ☆**評価規準：学習カード** 思・判・表②共生 └─────────────────┘

6 本単元の「主体的に学習に取り組む態度」の評価の工夫

(1)評価方法の工夫

　本事例では，本時の展開で，「①一人一人の違いに応じた課題や挑戦及び修正などを認めようとしている。（共生）」の指導を中心に事例を取り上げている。

　単元では，3つの評価規準を単元構造図で設計しているが，「②練習の補助をしたり仲間に助言したりして，仲間の学習を援助しようとしている。（協力）」を，前時3時間目に指導し，本事例の4時間目に観察評価をしている。また，「③健康・安全に留意している。（健康・安全）」は，1時間目に指導し，2時間目に観察評価をしている。

　「主体的に学習に取り組む態度」の評価では，なぜ取り組むのか（概念知），どのように取り組むのか（具体知，方法知）を指導した上で，各項目の理解状況を指導日に確認している。

　その上で，所作としてしようとしている姿を観察によりみとることになるが，「わかった，できる」という認識と行動をつなぐ学習を充実している。

　共生の態度を高めていく，単元の指導の工夫は，次の通りとしている。

1H　オリエンテーション
　　　ネット型球技（バレーボール）の特性の説明の際，体力，技能の程度，性別や障害の有無等を超えて楽しむことの意義を伝える。

2H　仲間を援助することで，互いを高め合うこと，連帯感が高まることを伝える，具体的な協力のアイデアを生徒から募集する。

4H　インクルーシブ教材から自身がサポートを必要とする立場を経験する。

5H～8H　簡易化されたゲームの中で，体験から共生への配慮を汎用化する。

(2)判断の目安例（ルーブリック）

規準	A十分満足できる	Bおおむね満足できる	C努力を要する
学びの姿 （Bは評価規準）	態度のもととなる知識を理解し，言動が安定的に出現。	一人一人の違いに応じた課題や挑戦及び修正などを認めようとしている。（共生）	共生への理解が不十分で，言動に肯定的姿勢が不足。
「主体的に学習に取り組む態度」 共生の理解の程度	記述が，概念をもとに具体的行動が明示されている。	運動やスポーツを行う際は，様々な違いを超えて，参加者全員が楽しんだり達成感を味わったりするための工夫や調整が求められる場合があることを理解している。	共生の記述（3時間目）が不十分であり，手立て後の加筆もみられない状況。
行動観察による具体的な言動や行動 4時間目（全体） 6～8時間目（補足）	・献身的なサポート姿勢，取り組み。 ・6～8時間目の他者への意識の高い行為。	・ゲームの受け入れ，他者への配慮，肯定的声かけ。 ・6～8時間目の努力を要する状況での指導からの肯定的変化。	・受動的姿勢。 ・配慮のない言動等。 ・ゲーム参加拒否。

(3)評価方法の実際

○4時間目　Google フォーム入力　本時の振り返り（態度のもととなる知識の理解状況）

エクセルシートの一覧に整理されたものを下記のように教師コメントと理解度の評価（未公開）をつけている。

名前	体力や技能の精度，性格や障害の有無等に応じて，自己の状況に合った表現可能な課題の設定や指導を諦めようとしたり，強弱の仕方やゲームの修正を諦めようとしたりするのは，なぜでしょうか，定義を書きましょう。	参加者全員が楽しんだり達成感を味わったりするために，ゲーム後にあなたが考えた工夫について，視点を選んでください。	チェックした項目について，具体的なアイデアを書いてください。	ブラインド・バレーボールから，次回以降のバレーボールを参加者全体で楽しむために，学んだこと，気づいたことについて書きましょう。	教師からのフィードバック	評価（未公開）
○○　○○	クラスのみんなが楽しくバレーができるようにするため	人数	6人ではなく，チームの人数を増やす。男女が同じくらいになるようにする。	指示をもらった時に，初めは誰に対する指示かがわからなかったので，名前と方向，足の歩数で指示を出すようにみんなで決めました。受ける側の立場から，声をかけることが大切だと思いました。	様々な学びをしましたね。人数を増やして一人の負担を減らすというアイデアは，将来の生涯スポーツの場面でも応用できるいいアイデアですね。	A
△△　△△	全ての人が達成感と楽しさを味わえるようにするため	プレイ上の制限	今日のゲームだとサポートの人がプレイヤーを触らないなどの制限を変えていくとよいと思った。	視覚が制限されて運動することはとても大変だと思いました。	大変だと実感できたことは，とても貴重な体験だったと思います。男女の違いや，体力，技能の程度ではどのような工夫があるとよいと思いますか？	B
□□　□□□	わからない	その他	特にない	普通のバレーボールがしたいです	クラスでは，スポーツが得意でない人もたくさんいます。○○君がその立場だったらどのように感じますか？	C

○5時間目　全体観察

ブラインド・バレーボールの体験は，本時5時間目以降の制限の少ないゲームでも，大切な視点であることを確認した上で，「態度①一人一人の違いに応じた課題や挑戦及び修正などを認めようとしている。（共生）」の姿を観察評価する。

判断の目安例を参考として，本時で実施するスパイクの学習とスパイクを打ちやすいゲームの中で，体力，身長，技能の程度にかかわらずチームの仲間が達成感を味わうことができるよう言動がとられているかを観察する。

クラスの生徒数が36名（6グループ）のため，全体を鳥瞰しつつ，特に努力を要する生徒がいないかを確認する。

また，5時間目に理解状況が不十分な生徒に着目し，声かけを行いサポートする。

まとめの時間では，特によい姿勢と考えられる具体的な言動や所作を取り上げる。

本時に努力を要する状況(C)と判断した生徒には，授業後個別に声をかけ，次週以降に取り組みが改善されるよう見守っていることを伝える。

○6～8時間目　補足観察

他の指導内容が重点化されているため，新たに観察機会を設けるのではなく，授業の中で取り組みの変化がみられた場合に加点，減点を記録しておく。

特に8時間目の最終時間では，評定への最終確認となるため，観察評価で実施した「技能」及び「主体的に学習に取り組む態度」については，確定のための最終確認を実施する。

E　球技（ベースボール型　ソフトボール）

9 第3学年（15時間）
仲間，相手チームへの尊重や配慮などが高まる学習の工夫

「主体的に取り組む態度」の評価の重点　協力

内容のまとまり　第3学年「E　球技」

▶千田　幸喜

1　単元の目標

(1)次の運動について，勝敗を競う楽しさや喜びを味わい，技術の名称や行い方，（体力の高め方，）運動観察の方法などを理解するとともに，作戦に応じた技能で仲間と連携しゲームを展開することができるようにする。

ウ　ベースボール型では，安定したバット操作と走塁での攻撃，ボール操作と連携した守備などによって攻防をすることができるようにする。

(2)攻防などの自己やチームの課題を発見し，合理的な解決に向けて運動の取り組み方を工夫するとともに，自己や仲間の考えたことを他者に伝えることができるようにする。

(3)（球技に自主的に取り組むとともに），フェアなプレイを大切にしようとすること，（作戦などについての話合いに貢献しようとすること），一人一人の違いに応じたプレイなどを大切にしようとすること，互いに助け合い教え合おうとすること（など）や，健康・安全を確保することができるようにする。

＊（　）内はほかの単元で指導

2　単元の評価規準

知識・技能		思考・判断・表現	主体的に学習に取り組む態度
知識	技能		
①球技の各型の各種目において用いられる技術や戦術，作戦には名称があり，それらを身に付けるためのポイントがあることについて，言ったり書き出したりしている。（技術の名称や行い方） ②戦術や作戦に応じて，技能をゲーム中に適切に発揮することが攻防のポイントであることについて，言ったり書き出したりしている。（攻防のポイント） ③練習やゲーム中の技能を観察したり分析したりするには，自己観察や他者観察などの方法があることについて，言ったり書き出したりしている。（運動観察の方法）	①身体の軸を安定させてバットを振りぬくことができる。（振りぬき） ②打球や守備の状況に応じた塁の回り方で，塁を進んだり戻ったりすることができる。（走塁） ③捕球場所へ最短距離で移動して，相手の打ったボールを捕ることができる。（捕球） ④ねらった方向へステップを踏みながら，一連の動きでボールを投げることができる。（送球） ⑤打球や走者の位置に応じて，中継プレイに備える動きをすることができる。（中継プレイ）	①選択した運動について，合理的な動きと自己や仲間の動きを比較して，成果や改善すべきポイントとその理由を仲間に伝えている。（成果や改善ポイント） ②自己や仲間の技術的な課題やチームの作戦・戦術についての課題や課題解決に有効な練習方法の選択について，自己の考えを伝えている。（練習方法の選択） ③ルールを守り競争したり勝敗を受け入れたりする場面で，よりよいマナーや行為について，自己の活動を振り返っている。（公正） ④体力や技能の程度，性別等の違いに配慮して，仲間とともに球技を楽しむための活動の方法や修正の仕方を見付けている。（共生）	①相手を尊重するなどのフェアなプレイを大切にしようとしている。（公正） ②一人一人の違いに応じた課題や挑戦及び修正などを大切にしようとしている。（共生） ③互いに練習相手になったり仲間に助言したりして，互いに助け合い教え合おうとしている。（協力） ④健康・安全を確保している。（健康・安全）

3　単元構造図

時数：1 2 3 4 5 6 7 8 9 10 11 12 13 14 15

総括的評価

出席確認、健康把握、準備運動（キャッチボール、テープスイング、ティーバッティング、トスバッティング含む）

学習の流れ

- オリエンテーション
- 知①技術の名称や行い方
- 態④健康安全
- 知③運動観察の方法
- 技①振りぬき
- 技②走塁
- バッティングゲーム
- ベースランニングゲーム
- 態③協力

- 2人組、4人組、5人組でのゴロやフライ等のボールの投げ合い
- 技③捕球
- 技④送球
- 技⑤中継プレイ
- ベースの間で、右回り、左回り、対角線等、ねらった方向への送球　キャッチボールリレーノック

- チーム練習　課題の発見、練習方法の選択、課題の解決の一連のサイクル
- 知②攻防のポイント
- 思①成果や改善のポイント
- 思②練習方法の選択
- ICTの活用　映像を撮影する際の目的の明確化　確認する動き等の焦点化　仲間との意見交換

- チーム練習　「フェアなプレイ宣言」の発表
- 態①公正
- 思③公正
- 「フェアなプレイ」貴し等による相手や仲間への尊重

- チーム練習　体力や技能の程度、性別や障害の有無等に応じてみんなが楽しむことができるルールづくり
- 態②共生
- 思④共生
- リーグ戦

ゲーム：
- 走者満塁ゲーム
- 走者2塁ゲーム
- 走者1・2塁ゲーム
- 走者2・3塁ゲーム

整理運動、振り返り

評価

知識	①技術の名称ややり方　③運動観察の方法　②攻防のポイント
技能	①振りぬき　②走塁　③捕球　④送球　⑤中継プレイ
思・判・表	①成果や改善のポイント　②練習方法の選択　③協力　③公正　①公正　④共生　②共生
態度	④健康安全　①振り抜き　②走塁

101

4 学びに向かう力，人間性等の指導の工夫マップ

解説の表記（学年：3，領域：球技，態度の内容：協力）

> **互いに助け合い教え合おうとする**とは，練習の際，互いに練習相手になったり，運動観察などを通して仲間の課題を指摘するなど教え合ったりしながら取り組もうとすることを示している。そのため，互いに助け合い教え合うことは，安全を確保したり，課題の解決に役立つなど自主的な学習を行いやすくしたりすることを理解し，取り組めるようにする。

概念知（する意味）

互いに助け合い教え合うことは，安全を確保したり，課題の解決に役立つなど自主的な学習を行いやすくしたりすることを理解し，取り組めるようにするため

具体知（何をするのか）

・練習の際，互いに練習相手になったり，運動観察などを通して仲間の課題を指摘するなど教え合ったりしながら取り組もうとすること
・チーム練習，メインのゲーム，リーグ戦等を取り入れること

教師の働きかけ

〈場面・教材〉

1～3H　オリエンテーションで，仲間，相手チームへの尊重や配慮の大切さを伝える。単元を通して仲間と協働する場面を設定する。安全，運動観察の方法，振りぬき，走塁等を学習する。

4H　協力の意義や方法等を伝える。チーム練習等を設定する。

5～8H　捕球，送球，中継プレイ，攻防のポイントを学習する。その際，協力の学習を深める。

9H　ICTを活用しながら成果や改善ポイントを学習する。

10～15H　チーム練習やリーグ戦等を設定する。

〈発問〉

1～3H　生涯にわたる豊かなスポーツライフにつながる仲間との関わり方にはどんなことがありますか？
安全の確保のために留意することは？運動観察の方法は？身体の軸の安定は？走塁のポイントは何ですか？

4H　なぜ協力するのですか？協力にはどのような方法がありますか？

5～8H　練習相手としてどのようなことに取り組んでいますか？仲間の課題を指摘していますか？

9H　運動観察などを通して，仲間に助言していますか？

10～15H　これまでどんな練習相手をしましたか？

5 本時の展開

⑴指導の流れと重点

　本時は，15時間配当の4時間目であり，「態度③互いに練習相手になったり仲間に助言したりして，互いに助け合い教え合おうとしている。（協力）」の指導を行う。また，前時までの態度④健康・安全，知識③運動観察の方法，技能①振りぬき，技能②走塁の学習内容を取り上げながら，態度③協力を指導する。

⑵評価の重点

　本時は，3時間目に学習した「技能②打球や守備の状況に応じた塁の回り方で，塁を進んだり戻ったりすることができる。（走塁）」を観察評価するとともに，本時で指導する「態度③互いに練習相手になったり仲間に助言したりして，互いに助け合い教え合おうとしている。（協力）」は9時間目に観察評価する。

(3)本時の流れ（4／15）※態度に関する指導を中心に記述している

時間	学習内容（□）　　活動（○）	留意点（＊）　　評価（☆）
はじめ10分	○整列，出席点呼を受ける ・呼名の際に，体調不良等で，見学，運動量の調整等の配慮を求める場合は，申し出るようにする。 ○本時の学習の見通しをもつ (1)前時までの学習を確認する 　態度：安全の確保のための留意点は？ 　知識：運動観察の方法は？ 　技能：振りぬきと走塁のポイントは？ 　・「なぜ，協力するのか」協力することの意義について確認する。 　互いに助け合い教え合うことは，安全を確保したり，課題の解決に役立つなど自主的な学習を行いやすくしたりすることにつながるから。 (2)本日の学習のねらいを確認する ねらい：互いに練習相手になったり仲間に助言したりして，互いに助け合い教え合おう。 **態度③互いに練習相手になったり仲間に助言したりして，互いに助け合い教え合おうとすること。（協力）**	＊既習内容について，ポイントカードで確認する。 　第3学年　球技　ベースボール型　ソフトボール　学習のポイント 1時間目　**安全の確保**　ヒヤリ・ハッと事例　技の名称や行い方 2時間目　身体の軸の安定　バットの振りぬき　**運動観察**　の方法 3時間目　打球や守備の状況に応じた塁の回り方　進んだり戻ったり 4時間目　互いに　**練習相手**　になったり仲間に助言したりして，互いに助け合い教え合おう 　**協力の意義**／**何をするのか** 互いに助け合い教え合うこととは，（安全を確保）したり，課題の解決に役立つなど自主的な学習を行いやすくしたりすること／互いに助け合い教え合おうとするとは，練習の際に，互いに（練習相手）になったり，（運動観察）を通して仲間の課題を指摘するなど教え合ったりしながら取り組もうとすること ＊協力の概念知を確認した上で，具体的な場面や所作について，グループで考えさせる。 ＊UDの視点から授業の流れは掲示する。 ＊これまでの学習内容を生かして，本時の学習を進めることを説明する。
なか30分	○チーム練習として，バッティングゲームを行う ・練習相手として，トスしたり，守備をしたりする。 ・身体の軸を安定させたバットの振りぬきを助言する。 ○ペアチームとのチーム練習として，ランニングゲームを行う ・走者2塁からプレイを始める。 ・練習相手として，ノックしたり，投げ入れたりする。 ・走者は，打球や守備の状況に応じた塁の回り方で，塁を進んだり戻ったりする。 ・1プレイ毎に打球や守備の状況に応じた塁の回り方を中心に，互いに教え合う。 ○メインのゲームとして，走者2塁ゲームを行う ・打者一巡の攻撃とする。 ・全て走者2塁からプレイを始める。 ・1プレイ毎に2塁走者と打者走者の進塁・残塁数の合計を得点とする。	＊ルールの説明時間を短縮できるよう練習をしながら，確認するよう促す。 ☆評価規準：観察 技能②走塁 ☆評価：態度③9時間目に評価
まとめ10分	○これからのチームでの自身の行動や発言の際に，役立つ気付きについて振り返りを発言し，タブレットに入力する ○次時は，捕球，送球等のボール操作を中心とした学習に取り組むことを確認する	＊技能②走塁や態度③協力について，「十分に満足できる」状況と判断されるもの(A)を全体で共有する。 ＊汎用的に活用できることを強調する。

6 本単元の「主体的に学習に取り組む態度」の評価の工夫

(1)評価方法の工夫

　本事例では，本時の展開で，「態度③互いに練習相手になったり仲間に助言したりして，互いに助け合い教え合おうとしている。(協力)」の指導を中心に事例を取り上げている。

　「主体的に学習に取り組む態度」の評価では，なぜ，取り組むのか（概念知），どのように取り組むのか（具体知，方法知）を指導した上で，各項目の理解状況を把握している。

　「協力」の態度を高めていく単元の指導の工夫は，次の通りとしている。

１～３Ｈ　オリエンテーションで，仲間，相手チームへの尊重や配慮の大切さを伝える。単元を通して，チーム練習，メインのゲーム，リーグ戦等，仲間と協働する場面を多く設定することを確認する。技術の名称や行い方，健康・安全，運動観察の方法，振りぬき，走塁等を指導する。

４Ｈ　１～３Ｈの指導内容を取り上げながら，協力の意義や方法等を伝える。チーム練習やメインのゲーム等を設定する。

５～８Ｈ　捕球，送球，中継プレイ，攻防のポイントを指導し，協力の学習を深める。

９Ｈ　成果や改善ポイントを指導するとともに，他者との関わりの中で，伝える，教えるなどの互恵的に関わり合う姿を中心に，協力の観点別学習状況の評価を行う。その際，ICTを活用しながら，仲間の動きを撮影して仲間同士で確認したり，以前に撮影した仲間の動きと比較して変容を確認したりするなど，合理的な動きと自己や仲間の動きを比較して，成果や改善すべきポイントとその理由を仲間に伝える場面を意図的に設定する。

10～15Ｈ　さらに，仲間，相手チームへの尊重や配慮が高まるように，チーム練習やリーグ戦等を設定し，練習方法の選択，公正，共生を指導するとともに，協力について，より丁寧な行動観察を行いながら，「努力を要する」状況と判断されるもの(C)を中心に必要な手立てを講じ，15時間目に最終的に総括的評価を行う。

(2)判断の目安例（ルーブリック）

規準	A十分満足できる	Bおおむね満足できる	C努力を要する
学びの姿 （Bは評価規準）	態度のもととなる知識を理解し，言動が安定的に出現。	互いに練習相手になったり仲間に助言したりして，互いに助け合い教え合おうとしている。（協力）	協力への理解が不十分で，言動に肯定的姿勢が不足。
「主体的に学習に取り組む態度」 協力の理解の程度	記述に，概念をもとにした具体的行動が明示されている。	練習の際，互いに練習相手になったり，運動観察などを通して仲間の課題を指摘するなど教え合ったりしながら取り組もうとすることを理解している。	協力の記述（４時間目）が不十分であり，手立て後の加筆もみられない状況。
行動観察による具体的な言動や行動 ９時間目（全体）	・互恵的に関わり合う姿勢，取組。 ・５～９時間目の仲間等への意識の高い行為。	・仲間，相手チームとの関わりの中で，助け合い教え合う。 ・仲間，相手チームへの尊重や配慮，肯定声かけ５～９時間目の努力を要する状況での指導からの肯定的変化。	・受動的姿勢。 ・配慮のない言動等。 ・練習やゲーム参加拒否。

⑶評価方法の実際

　各観点の指導場面と評価機会の関係として，「主体的に学習に取り組む態度」の評価は，態度の育成等に一定の学習期間が必要であること，主に観察評価によって評価を行うことから，指導後に一定の学習期間及び評価期間を設けるように工夫している。

　「協力」の指導では，その意義と具体的な行動の仕方についての知識を指導し，できるようになるための学習機会を保障することが重要であり，本事例は，4時間目に協力することの意義，方法等の態度のもととなる知識を指導し，ICTを活用して「練習の際，互いに練習相手になったり，運動観察などを通して仲間の課題を指摘するなど教え合ったりしながら取り組もうとするのは，なぜでしょうか。意義を書きましょう。」等のタブレット入力により理解状況を把握している。

本時の振り返り　態度のもととなる知識の理解状況の把握

氏　　　名	生徒のタブレットの入力内容		教師からのフィードバック	評価（未公開）
	練習の際、互いに練習相手になったり、運動観察などを通して仲間の課題を指摘するなど教え合ったりしながら取り組もうとするのは、なぜでしょうか。意義を書きましょう。	練習の際、互いに練習相手になったり、運動観察などを通して仲間の課題を指摘するなど教え合ったりしながら取り組んだことを書きましょう。		
○○　○○	生涯にわたる豊かなスポーツライフにつながる仲間との関わり方は重要であり、互いに助け合い教え合う意識は、安全を確保したり、課題の解決に役立つなど自主的な学習を行いやすくしたりするためです。	けがを防止するための留意点を常に仲間に伝え続けるようにしました。限られた時間で仲間の技能が高まるように1プレイの度に気付いたことを伝え合うようにしました。	繰り返し粘り強く伝え続けている○○さんの取組は、みんなの手本となっています。	A
□□　□□	互いに助け合い教え合うことは、安全を確保したり、課題の解決に役立つなど自主的な学習を行いやすくしたりするためです。	ランナー2塁ノックの時に、打球や守備の状況に応じた塁の回り方を学べるように、打球の緩急や方向を意識しながら、ノックをしました。	□□さんのノックにより、チームの状況に応じた塁の回り方が確実によくなっていました。	B
△△　△△	わかりません。	特にありません。	練習相手になっている□□さんや、アドバイスしている○○さんを参考にしましょう。	C

生徒のタブレットへの入力内容教師からのフィードバック・評価（未公開）一覧表

　タブレットやデジタルカメラ等のICT機器を活用して，動きのポイントと仲間の動きを照らし合わせ，仲間の課題を確認するなど，さらなる仲間との協働を促すとともに，9時間目に協力の態度の出現がみられるかどうか実現状況を確認している。

　単元を通じて，生徒は練習相手になったことや仲間，相手チームと教え合ったことをタブレットに入力するとともに，教師はその生徒の姿を行動観察の記録として蓄積している。タブレットに入力した内容を生徒に適時提示するとともに，教師がよい行動を追認したり，称賛したりして，生徒の学習活動に対する興味・関心を高めながら，協力の態度を評価している。

　10～14時間目に，協力の行動観察を積み重ね，15時間目に観点別学習状況の総括的評価を位置付けている。これは，評価の妥当性，信頼性等を高めるため，必要な観点について再確認する機会を設けたものであり，単元を通して，「努力を要する」状況と判断されるもの(C)等について，個別の指導を行うなどの手立てを行い，その生徒の学習状況の変化を15時間目に最終確認している。

F　武道（剣道）

10 第1学年（10時間）
自他を尊重し，互いの健康・安全に配慮しながら学習活動に取り組む生徒の育成

「主体的に取り組む態度」の評価の重点　健康・安全

内容のまとまり　第1学年及び第2学年「F　武道」

▶藤田　弘美

1　単元の目標

(1)次の運動について，技ができる楽しさや喜びを味わい，武道の特性や成り立ち，（伝統的な考え方，技の名称や行い方，）（その運動に関連して高まる体力）（など）を理解するとともに，基本動作や基本となる技を用いて簡易な攻防を展開することができるようにする。

イ　剣道では，相手の動きに応じた基本動作や基本となる技を用いて，打ったり受けたりするなどの簡易な攻防をすることができるようにする。

(2)攻防などの自己の課題を発見し，合理的な解決に向けて運動の取り組み方を工夫するとともに，自己の考えたことを他者に伝えることができるようにする。

(3)（武道に積極的に取り組むとともに），相手を尊重し，伝統的な行動の仕方を守ろうとすること，（分担した役割を果たそうとすること），（一人一人の違いに応じた課題や挑戦を認めようとすること）（など）や，禁じ技を用いないなど健康・安全に気を配ることができるようにする。

＊（　）内はほかの単元で指導

2　単元の評価規準

知識・技能		思考・判断・表現	主体的に学習に取り組む態度
知識	技能		
①武道は対人的な技能を基にした我が国固有の文化であり，技能の習得を通して，人間形成を図るという伝統的な考え方があることについて，言ったり書き出したりしている。（特性・成り立ち） ②武道の技には名称があり，それぞれの技を身に付けるための技術的なポイントがあることについて具体例を挙げている。（名称や行い方）	①相手の動きに応じて中段で構え，歩み足や送り足の体さばきができる。（構え・体さばき） ②中段の構えから体さばきを使って，打突部位を打ったり受けたりすることができる。（基本打突） ③最初の面打ちに相手が対応したとき，隙ができた胴を打つこと。（二段の技） ④相手と接近したとき，隙ができた胴を退きながら打つこと。（引き技）	①提示された動きのポイントやつまずきの事例を参考に，仲間の課題や出来映えを伝えている。（課題発見） ②学習した安全上の留意点を他の学習場面に当てはめ，仲間に伝えている。（安全） ③練習の場面で，仲間の伝統的な所作等のよい取組を見付け，理由を添えて他者に伝えている。（伝統的な所作）	①相手を尊重し，伝統的な行動の仕方を守ろうとしている。（伝統的な行動の仕方） ②禁じ技を用いないなど健康・安全に留意している。（健康・安全）

3 単元構造図

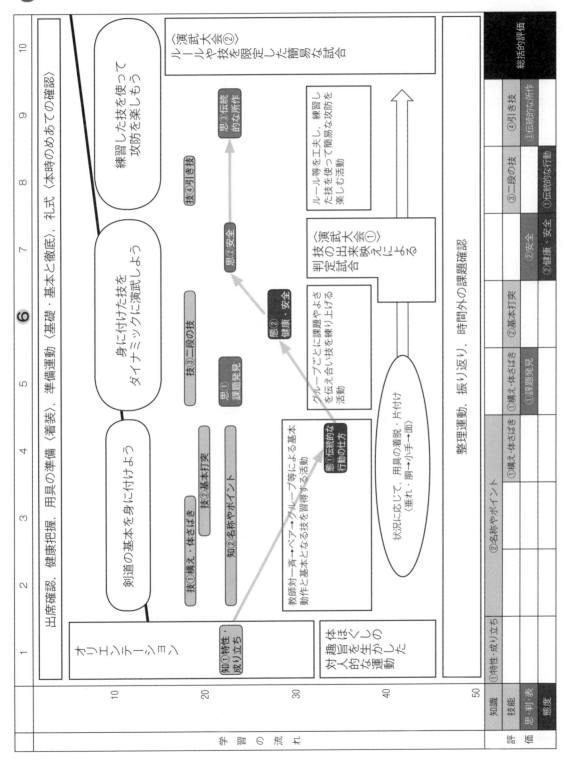

4 学びに向かう力，人間性等の指導の工夫マップ

解説の表記（学年：1・2，領域：武道，態度の内容：健康・安全）

> **健康・安全に気を配る**とは，体調の変化などに気を配ること，危険な動作や禁じ技を用いないこと，けがや事故につながらないよう竹刀や畳の状態などを整えること，練習や試合の場所などの自己や仲間の安全に留意することや，技の難易度を踏まえ，自己の体調や技能の程度に応じて技に挑戦することを示している。そのため，体調に異常を感じたら運動を中止すること，竹刀などの用具の扱い方や畳などの設置の仕方及び起きやすいけがの事例などを理解し，取り組めるようにする。

概念知（する意味）

○お互いが安全に安心して剣道の練習や試合に取り組むことができるため
→自他の健康や安全に配慮しながら活動することは，互いの安全・安心を守ることと併せて，お互いを尊重し合う礼の考え方にもつながる

具体知（何をするのか）

○活動前の健康観察
○ルールを知ること〈禁じ技等の危険な動作〉
○竹刀などの用具の点検
○練習や試合場の安全の確認
○体力や技能の程度に応じ，自己に適した技に取り組むこと

教師の働きかけ

〈場面・教材〉
1H オリエンテーション
　特性や成り立ちの説明において，竹刀や用具などの安全に配慮することは，「礼」の考え方にもつながることを理解させる。
4H 立合前後の所作は相手を尊重する礼の心を表したものであることとともに，危険な動作や乱暴な行動は，厳に慎むことを理解させる。
6H 剣道において，中学校では突き技が禁止されていること，また，竹刀や用具の扱い方や練習場所の安全確認の方法等について理解させる。
　また，オリエンテーションで学習した剣道の伝統的な考え方は，自他の安全や安心にもつながることを実際の活動や行動の仕方と合わせて理解させる。
7H これまで学習してきた安全上の留意点やその意味を，グループの練習や演武大会等で，学習ノートに書いたり，仲間に伝えたりする場を設定する。

〈発問〉
1H・4H
　剣道には相手を尊重しながら互いに切磋琢磨し心身を錬磨するという考え方がありますが，『相手を尊重する』心は具体的にはどんな行動で表されると思いますか？
6H
　自分の竹刀や用具の安全に配慮をすることは，相手の安全を守ることにつながりますが，具体的にどのような点に留意すればよいと思いますか？
7H
　これまで学習してきた健康や安全について，実際の活動の中で気付いた具体的な内容をノートに書き，グループで共有しましょう。

5 本時の展開

(1)指導の流れと重点

　本時は10時間配当の6時間目であり，これまで学習した技能を用いて技の出来映えを高める中で，「態度②禁じ技を用いないなど健康・安全に留意している。（健康・安全）」について学習する。オリエンテーションで学習した「知識①特性・成り立ち」や第4時で学習した「態度①伝統的な行動の仕方」を踏まえて，剣道での健康・安全の具体例として，竹刀や用具の点検，場所の安全などに配慮することは，互いが安全に安心して心身を磨くために大切であり，礼〈自他を尊重すること〉につながるものであることを理解させたい。

(2)評価の重点

　本時を含め4～6時間目では，2～4時間目で学習した「技能①構え・体さばき」「技能②基本打突」について，C評価となった生徒への支援も含めて複数回の評価機会を設定し，観察評価を行う。本時は，技能①を踏まえつつ，技能②を一連の動きの中で評価するものであり，5時間目より学習している技能③とも組み合わせながら，繰り返し技を練り上げる学習の中で観察と支援を行っていく。

(3)本時の流れ（6／10）※態度に関する指導を中心に記述している

時間	学習内容（▭）　　活動（○）	留意点（＊）　　評価（☆）
はじめ10分	○整列，出席点呼をする ○本時の学習の流れについて見通しをもつ (1)既習内容についてポイントを確認する。 知・技：これまで練習してきた基本動作や技の名称とそのポイントについて。 態度：剣道において，相手を尊重する心を表す方法について。 (2)本時のめあてを確認する 【めあて】演武大会を目指して，自他の安心安全に配慮しながら技を磨こう！ **態度②禁じ技を用いないなど健康・安全に留意すること。（健康・安全）** **（技能③最初の面打ちに相手が対応したとき，隙ができた胴を打つこと。（二段の技））**	＊体育委員の報告とともに，体調や爪・髪，竹刀や用具など安全上配慮する内容も付け加えて確認させる。 ＊既習内容の確認に加えて，これまでの学習活動の中で危険を感じたり，今後予想される事故等を挙げさせたりする中で，本時のめあて〈学習内容〉に導いていく。
なか30分	○グループ別に技を練り上げる活動を行う (1)演武する基本動作や技及びグループの目標や個人の課題を確認する (2)リーダーを中心にグループごとに演武する技の練習を行う **演武大会に向けて技を磨こう！** |	演武の内容	ポイント
基本動作	(1) 礼式〈礼 → 蹲踞〉 (2) 中段の構え (3) 体さばき (4) 基本の打突〈面・小手・胴〉 (5) 打たせ方	(1) 相手の目を見て，息が合っているか。 (2) 竹刀の持ち方，足の位置，姿勢は良いか。 (3) 剣先の位置や姿勢は崩れていないか。 (4) ①大きな声・②竹刀〈中結より先で打つ〉・③体の移動〈足〉が一致しているか。 (5) 相手との間合〈距離〉，打たせる位置は良いか。
しかけ技	(1)二段の技 (2) 引き技	(1)最初の打ちに相手が対応したら素早く，隙ができた部位を打っているか。 (2)相手と接近した状態〈つばぜり合い〉から，隙ができた胴を素早く退きながら打っているか。 | (3)本時の練習のまとめとして，ミニ演武会を行う ・兄弟グループは，次の課題に生かせるよう，互いの演武をタブレットで撮影する。 (4)タブレットの映像をもとに，兄弟グループ間でよさ〈伸び〉や課題を交流させる	＊タブレットを活用し効率的に話合いを進めるように促す。 ＊活動に入る前に，竹刀や用具，活動場所，安全や隊形等，再度危険がないか声をかける。 〈予想されるつまずき〉 ＊練習の中で用具等の着装が乱れたとき →気付いた仲間で声をかけたり，補助したりするように促す。 ＊危険な動作が見られたとき →竹刀の扱い等で危険な動作は，すぐに中止させ，その意味を説明する。 ☆評価規準：観察 技能②中段の構えから体さばきを使って，打突部位を打ったり受けたりすることができる。〈基本打突〉 ※指導は3・4時間目 ☆評価：態度②7時間目に評価
まとめ10分	○学習のまとめを行う (1)技能の伸びや課題とともに，お互いが安全に安心して活動することができたかについて振り返り，タブレットにまとめる 【まとめ】安全に安心して精一杯活動ができることは，お互いの技能の伸びにつながり，自分を守り，相手を尊重する（思いやる）ことにもつながる。 (2)次時は，これまでの練習を生かして，安全・安心に演武大会を行うことを確認する	＊安全・安心の視点から，よい活動がみられた場面を紹介〈共有〉し，価値付ける。 ＊安全・安心は，他の学習場面においても大切にするべきものであることを押さえる。

6 本単元の「主体的に学習に取り組む態度」の評価の工夫

(1)評価方法の工夫

　本単元では，健康・安全に関する指導について，「知識・技能」「思考・判断・表現」「主体的に学習に取り組む態度」の3つの指導内容を関連させながら行う。

　単元の前半では，武道（剣道）には「相手を尊重し，技能の習得を通して人間形成を図る」という伝統的な考え方があること〈知識〉を押さえた上で，その考え方を行動の仕方〈態度〉として，その意味とともに指導する。これを受けて本時では，「②禁じ技を用いないなど健康・安全に留意している。（健康・安全）」の指導を中心に取り上げ，相手と直接的に攻防する剣道において，安全に留意すること〈態度〉は，互いが安全に安心して切磋琢磨し心身を高めていくことにつながることを指導する。単元の後半では，学習した内容を他の場面で生かしたり，仲間に伝えたりする〈表現〉場面を仕組む。

　「主体的に学習に取り組む態度」の評価では，単元の中盤から，なぜ取り組むのか（概念知），どのように取り組むのか（具体知，方法知）を指導した上で，それらが表出する後半の活動において評価を行う。特に，7時間目の評価にあたっては，教師の観察とともに，自分や仲間が行った具体的な行動をタブレットの付箋機能を用いて提出【資料1】させ，評価資料として活用する。

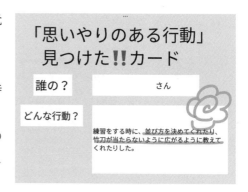

「思いやりのある行動」見つけた‼カード

誰の？　　　　　　　さん

どんな行動？

練習をする時に，並び方を決めてくれたり，竹刀が当たらないように広がるように教えてくれたりした。

【資料1】

(2)判断の目安例（ルーブリック）

規準	A十分満足できる	Bおおむね満足できる	C努力を要する
学びの姿 （Bは評価規準）	態度のもととなる知識を理解し，言動が安定的に出現している。	禁じ技を用いないなど健康・安全に留意している。（健康・安全）	健康・安全への理解が不十分で，言動に肯定的姿勢が不足している。
「主体的に学習に取り組む態度」 健康・安全の理解の程度	学習ノート等の記述が，概念をもとに具体的な行動とともに記されている。	体調に異常を感じたら運動を中止すること，竹刀などの用具の扱い方や活動場所や隊形の確認，起きやすいけがの事例などを理解している。	安全の記述（7時間目）が不十分であり，手立て後の加筆もみられない。
行動観察による具体的な言動や行動 7時間目（全体） 10時間目（補足）	自分の安全とともに，仲間に声をかけたり，仲間の安全にも配慮したりするなど，意識の高い行動がみられる。	・自分や仲間の体調を確認する。 ・危険な動作や禁じ技はしない。 ・竹刀や用具を点検する。 ・活動場所等を確認する。 ・体力や技能の程度に応じて，自己に適した技に取り組む。	・左記の行動が，ほとんど表出しない。

(3)評価方法の実際

○1時間目　学習ノート〈タブレットへの書き込み〉

「態度①伝統的な
行動の仕方」の基礎
的な知識としての
「知識①特性・成り
立ち」の理解状況を

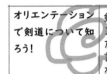

| オリエンテーションで剣道について知ろう！ | 剣道とは対人的な競技だと分かった。"叩いて被ってじゃんけんポン"を通じて、相手の動きに応じた動きをしたり、勝敗を競い合ったりする楽しさを知れた。剣道に問わず、どの競技でも同じ事が言えるが、相手を尊重することはスポーツをする上でとても大切な事だと分かった。 | Ⓐ |

【資料2】

評価する。【資料2】ここでの知識は，本単元を通して健康・安全に関する指導のもととなる
ものである。

○7時間目　全体観察（「態度②健康・安全」）

7時間目は，演武大会とし
て技の出来映えによる判定試
合を設定しているが，試合者
や審判など役割が分担される
中で，「態度②健康・安全」

| 今日の授業で思いやりが大切だと先生が言っていて確かにそうだなと思いました。思いやりがないとどちらかが痛い思いをしたり嫌な気持ちになったりと楽しく剣道をすることが出来なくなるのかなと思いました。なので練習中も痛くない？と相手に聞きながらやりました。 | Ⓐ B・C |

【資料3】

について，試合者自身や周りの仲間が竹刀や用具，
場所の安全等に配慮しているか観察評価とともに，
「思・判・表②安全」における内容を観察及び学習
ノート〈タブレット〉の記述【資料3・4】からみ
とる。試合の勝敗とともに，これまで学習してきた
「態度①伝統的な行動の仕方」や「態度②健康・安

| 発表会に向けてグループのみんなといろいろなことに気をつけながら練習をすることができました。技の攻防も大切だけど、怪我をしないように安全面にも気をつけることができました。特に胴を打つ時に隣のペアに当たらないように距離をとって練習をしました。 |

【資料4】

全」に関する内容を導入段階で振り返りつつ，大切にしながら試合を行わせる。また，判定試
合にあたっては，試合場所の位置どり等の不備から近隣の試合者や審判がぶつかる危険も想定
されるので，そのような場合はあらかじめ声をかける等の支援を行う。

○8・9時間目　補足観察

8・9時間目は，身に付けた技をもとにルールを工夫して，簡易な攻防を楽しむ活動である。
ここでは，「技能③二段の技」「技能④引き技」の評価とともに「思・判・表③伝統的な所作」
「態度①伝統的な行動の仕方」の内容の評価を行うが，併せて，互いに尊重し合いながら安
全・安心に配慮して精一杯の活動をするためにどのような行動が
できるのかを生徒に問いながら，安全に関する補足評価を行う。
〈タブレットの付箋機能を活用〉【資料5】

評価機会を延長するものではないが，「思・判・表③伝統的な
所作」の内容の観察評価と併せて，授業の中でよい発言や取組の
変化がみられた場合に加点，あるいは減点を記録しておき，妥当
性のある評価を目指したい。

【資料5】

F　武道（柔道）

11 第3学年（15時間）
グループ活動や練習の仕方等

「主体的に取り組む態度」の評価の重点 　伝統的な行動の仕方

内容のまとまり 　第3学年「F　武道」

▶ 木原　慎介

1 単元の目標

(1)次の運動について，技を高め勝敗を競う楽しさや喜びを味わい，伝統的な考え方，技の名称や見取り稽古の仕方，（体力の高め方）などを理解するとともに，基本動作や基本となる技を用いて攻防を展開することができるようにする。

ア　柔道では，相手の動きの変化に応じた基本動作や基本となる技，連絡技を用いて，相手を崩して投げたり，抑えたりするなどの攻防をすることができるようにする。

(2)攻防などの自己や仲間の課題を発見し，合理的な解決に向けて運動の取り組み方を工夫するとともに，自己の考えたことを他者に伝えることができるようにする。

(3)武道に自主的に取り組むとともに，相手を尊重し，伝統的な行動の仕方を大切にしようとすること，自己の責任を果たそうとすること，（一人一人の違いに応じた課題や挑戦を大切にしようとすること）（など）や，健康・安全を確保すること）ができるようにする。

＊（　）内はほかの単元で指導

2 単元の評価規準

知識・技能		思考・判断・表現	主体的に学習に取り組む態度
知識	技能		
①武道を学習することは，自国の文化に誇りをもつことや，国際社会で生きていく上で有意義であることについて，言ったり書き出したりしている。（伝統） ③武道には，各種目で用いられる技の名称について，具体例を挙げている。（名称） ③武道特有の運動観察の方法である見取り稽古の仕方があることについて，言ったり書き出したりしている。（見取り）	①相手の投げ技に応じて横受け身，後ろ受け身，前回り受け身をとることができる。（受身） ②取は小内刈りをかけて投げ，受は受け身をとることができる。（小内） ③取は釣り込み腰をかけて投げ，受は受け身をとることができる。（釣込） ④取は相手の動きの変化に応じながら，けさ固め，横四方固め，上四方固めの連絡を行うことができる。（連絡）	①見取り稽古などから，合理的な動きと自己や仲間の動きを比較して，練習の成果や改善すべきポイントとその理由を仲間に伝えている。（発見） ②自己や仲間の技術的な課題やその課題解決に有効な練習方法の選択について，自己の考えを伝えている。（解決） ③相手を尊重するなどの伝統的な行動をする場面で，よりよい所作について，自己や仲間の活動を振り返っている。（伝統）	①相手を尊重し，伝統的な行動の仕方を大切にしようとしている。（伝統的な行動の仕方） ②仲間と互いに合意した役割について自己の責任を果たそうとしている。（責任）

3 単元構造図

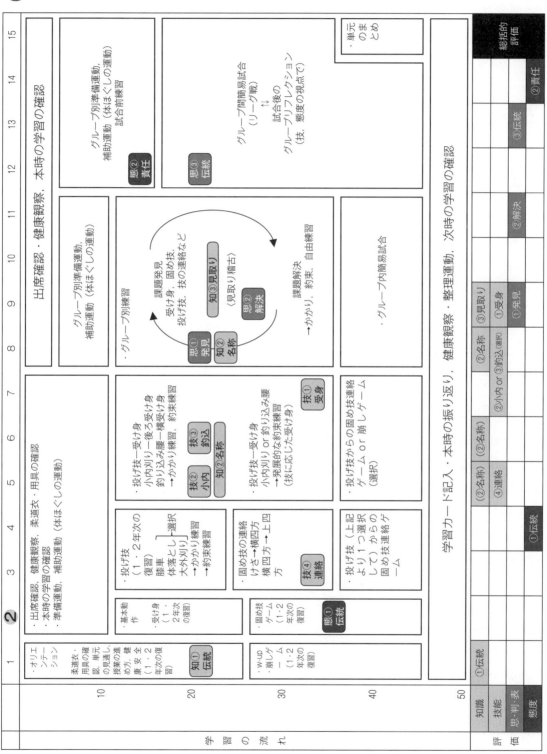

4 学びに向かう力，人間性等の指導の工夫マップ

解説の表記（学年：3，領域：武道，態度の内容：伝統的な行動の仕方）

> 相手を尊重し，伝統的な行動の仕方を大切にしようとするとは，単に伝統的な行動の仕方を所作として守るだけではなく，「礼に始まり礼に終わる」などの伝統的な行動の仕方を自らの意思で大切にしようとすることを示している。そのため，伝統的な行動の仕方を大切にすることは，自分で自分を律する克己の心に触れるとともに，人間形成につながることを理解し，取り組めるようにする。

概念知（する意味）

> 克己の心（自己制御），人間形成につながるため

具体知（何をするのか）

> ・相手は敵ではなく，道（人間としての生き方や在り方）を共に学び合う仲間だと考え，尊重すること
> ・練習や試合前後に正しい形（座礼，立礼）で丁寧に礼をし，勝敗や精神的な興奮などに対して自己制御するとともに，相手（仲間）に敬意を払うこと（惻隠の情）
> ・引き手を離さないことや受け身など技自体にもそうした考え方が含まれていること
> ・こうした伝統的な行動を自分の意思で大切にしようとすること

教師の働きかけ

〈場面・教材〉

> **1H** （オリエン）武道は人間形成を目指した教育的性格があり，伝統的に精神面を尊重する考え方が重視され，修養・鍛錬的目的が強いことを解説する（学習資料）

> **2H** （簡易ゲーム）東京オリンピック柔道での阿部選手の所作（金メダルが決定した瞬間も，正しい礼と握手を終えて畳を降りるまでは感情を自己制御した）を紹介する（映像）

> **3～7H** 技の練習や簡易ゲームの中で伝統的な行動の仕方に関する声がけをする
> **12～15H** 簡易試合の中で伝統的な行動の仕方に関する課題発見・解決を促す（学習カード）

〈発問〉

> **1H** 他の運動やスポーツ種目と同じ部分，異なる部分はどこでしょう？（特性）

> **2H** 阿部選手は勝ちが決まった瞬間であってもどうして大喜びしなかったのでしょう？

> **3～7H** 練習やゲームをしている最中，投げたり投げられたりしたとき，その前後に礼をしているときはどのような気持ちになりますか？
> **12～15H** 伝統的行動を形だけでなく大切にしようとするにはどのようにしたらよいでしょう？

5 本時の展開

(1)指導の流れと重点

　本時は，15時間配当の2時間目である。前時には，伝統的行動にも関連する「知識①武道を学習することは，自国の文化に誇りをもつことや，国際社会で生きていく上で有意義であることについて，言ったり書き出したりしている。（伝統）」について指導している。本時では，1・2年次に指導した基本動作や受け身及び固め技ゲームの復習を中心として活動するが，特に固め技ゲームに際しては，新たに「態度①相手を尊重し，伝統的な行動の仕方を大切にしようとしている。（伝統的な行動の仕方）」について指導を重点的に行う。次時以降，生徒がそのような態度を表出できたり，それに関する課題発見や解決に取り組むことができたりするような活動（練習，ゲーム，試合等）を設定している。

(2)評価の重点

　本時については，重点的に行う評価は設定していない。（※態度①については4時間目に観察及び学習カードによって評価する。）

(3)本時の流れ（2／15）※態度に関する指導を中心に記述している

時間	学習内容（□）　　活動（○）	留意点（＊）　　評価（☆）
はじめ10分	○整列，出席・健康観察，柔道衣や用具の確認 ○本時の学習の見通しをもつ (1)前時の学習（知識①）を確認する 武道は人間形成を目指した教育的性格があり，伝統的に精神面を尊重する考え方が重視され，修養・鍛錬的目的が強いこと。 (2)本日の学習のねらいを確認する ねらい：伝統的な行動の意義や方法を知り，固め技ゲームを通して行ってみよう！ ○準備運動・補助運動（体ほぐしの運動） (1)シグナル歩走跳・体開き，リズム体操・ストレッチ (2)ペアで手押し相撲，足跳び越し，バランス崩し	＊ICTで学習資料（既習内容）を示す。 ＊BGMを流しながら教師主導。ストレッチは特に首，肩，腰，手首。 ＊柔道の動きの慣らしとして意識させる。
なか35分	○基本動作及び受け身の確認（15分） (1)姿勢（自然本体，右自然体，左自然体） (2)組み方（右－右，左－左，右－左） (3)崩し（八方の崩し） (4)進退動作（すり足，歩み足，継ぎ足） (5)受け身（後ろ受け身，横受け身，前回り受け身） ○固め技ゲーム（20分） (1)映像視聴，意見交換 発問：阿部選手は勝ちが決まった瞬間でも，どうして大喜びしなかったのだろう？	＊前半は名称や行い方のポイントなどを1つ1つ確認しながら（思い出させながら），教師主導で進めていく。 ＊後半はペアで再度確認したい動きを選択させ，ICT教材を見ながら進めさせる（巡視してフィードバックする）。 ＊東京五輪柔道男子66kg級決勝のVTR。

態度①相手を尊重し，伝統的な行動の仕方を大切にしようとすること。（伝統的な行動の仕方）

時間	学習内容（□）　　活動（○）	留意点（＊）　　評価（☆）
	(2)固め技ゲーム ・4人グループでリーグ戦（30秒×6本） ・お互いに背中合わせで座った状態からスタート ・1人は勝敗（背中をつけた回数）のジャッジ ・もう1人は伝統的行動（礼法など）をジャッジ	**武道**　**特性** ・教育（人間形成）的な性格 ・伝統的に精神面を尊重 ｝自己を鍛え，高める 克己の心（自己コントロール），人間形成につながる **伝統的な行動**　なぜそうするのか？　どうするのか？ ・相手は敵ではなく，道（人間としての生き方や在り方）を共に学び合う仲間だと考え，尊重する！ ・練習や試合前後に正しい形（座礼，立礼）で丁寧に礼をし，勝敗や精神的な興奮などに対して自己制御するとともに，相手（仲間）に敬意を払う（＝惻隠の情） ・引き手を離さないことや受け身など技自体にもそうした考え方が含まれている ・こうした行動を自分の意思で大切にしようとする ＊生徒に，自己の体力・技能等に合わせながら，やりたいリーグをできるだけ選択させる。 ☆評価：態度①4時間目に評価
まとめ5分	○伝統的な行動に関して，それを大切にすることの意義についての○×クイズ，固め技ゲームでの自己評価，次時以降の活動でどのように取り組みたいかをデジタル学習カードに入力する ○次時の学習（投げ技の復習，固め技の連絡）を確認する	＊ゲームだけでなく，各種の練習や試合の場面においても同様に考えることができること，継続的に心がけることでそうした態度が養えることを捕足する。

6 本単元の「主体的に学習に取り組む態度」の評価の工夫

(1)評価方法の工夫

　本事例では，本時（第2時）の展開として「①相手を尊重し，伝統的な行動の仕方を大切にしようとすること。（伝統的な行動の仕方）」の指導を中心に取り上げている。

　単元構造図では「主体的に学習に取り組む態度」として2つの評価規準を設定しており，本時の内容については第4時に観察及び学習カードによって評価することとしている。また，「②仲間と互いに合意した役割について自己の責任を果たそうとすること。（責任）」については，第12時に指導し，第14時に観察及び学習カードによって評価することとしている。

　「主体的に学習に取り組む態度」の評価では，なぜ取り組むのか（概念知），どのように取り組むのか（具体知，方法知）を指導し，その理解の状況を指導日に確認している。その上で，所作として「しようとしている姿」を観察するとともに，特に「①伝統的な行動の仕方」については，その行為の際における心情面を学習カードから読み取りながら評価する。このようにして，「わかって，できる」という認識と行動をつなぐ学習の充実化を図っている。

　単元を通した「伝統的な行動の仕方」に関する指導の工夫は，次の通りとしている。

1 H　オリエンテーションにおいて，特に武道では人間形成を目的とした教育的な性格があり，相手の尊重や自己の鍛錬を図るという伝統的な考え方があることを解説する（ICT活用）。

2 H　柔道・阿部選手の事例（映像）を使って，伝統的な行動の具体例やそれを大切にしようとする振る舞いについて解説した上で（ICT活用），本時以降の簡易ゲームを展開させる。

12H　リーグ戦を通して様々な相手（仲間）と対戦する中で，伝統的な行動に関する自己の課題（葛藤や相手への配慮）を発見させたり，その解決に向けて試行錯誤させたりする。

(2)判断の目安例（ルーブリック）

規準	A十分満足できる	Bおおむね満足できる	C努力を要する
学びの姿 （Bは評価規準）	態度のもととなる知識を理解し，言動が安定的に出現。	相手を尊重し，伝統的な行動の仕方を大切にしようとしている。（伝統的な行動の仕方）	伝統的な行動への理解が不十分で，言動に肯定的姿勢が不足。
「主体的に学習に取り組む態度」 伝統的な行動の仕方の理解の程度	概念をもとに具体的な行動や意思が記述されている。	伝統的な行動を自ら大切にしようとすることは，自分自身のコントロールや人間形成につながることを理解している。	記述（2時間目）が不十分であり，手立て後の加筆もみられない状況。
行動観察による具体的な言動や行動 4時間目（全体） 5〜15時間目（補足）	・他者への肯定的な声かけ。 ・5〜15時間目の他者への働きかけ，言動。	・練習や試合前後の正しい礼法や技をかけたりかけられたりした際の心がけ。 ・5〜15時間目の「努力を要する状況」からの肯定的変化。	・受動的な取り組み，投げやりな姿勢，配慮のない言動等。 ・手立てを講じても変化しない。

(3)評価方法の実際

2時間目	
伝統的な行動の仕方を大切にするのはなぜでしょうか。	○ or ×
1. 先生に言われたことは守らなければならないから	× ▼
2. 自分自身の気持ちをコントロールすることができるようになるから	○ ▼
3. 伝統を絶やしては先祖に対して失礼に当たるから	× ▼
4. 自分や仲間の人間形成につながるから	○ ▼

○ 正しいと思う
× 誤っていると思う

固め技ゲームではどのように取り組もうとしましたか？	5段階
1. 勝敗に関わらず正しい礼法を行おうとした	5 ▼
2. 相手を尊重する気持ちを忘れないようにした	4 ▼
3. 技を行う際にも相手を敬おうとした	3 ▼
4. 1〜3の行動を大切にしようと心がけた	3 ▼

1. 全くできなかった
2. どちらかといえばできなかった
3. どちらともいえない
4. どちらかといえばできた
5. 十分にできた

以上を踏まえて、次回からの練習・ゲーム・試合などの際には、どのように取り組みたいですか？

Google スプレッドシートを使ったカード例

○2H　「伝統的な行動」に関して，それを大切にすることの意義についての○×クイズ，固め技ゲームでの自己評価，次時以降の活動でどのように取り組みたいかをデジタル学習カードに入力させる。本時の振り返り（態度のもととなる知識の理解状況を評価）。

○4H　2時間目の指導を踏まえて，さらに3〜4時間目において活動機会を提供した上で，「伝統的な行動の仕方を大切にすること」について，観察及びデジタル学習カードによって評価する。観察の際は，まずそうした所作が表出されているかどうかを評価する。全体を鳥瞰しつつ，特に努力を要する生徒がいないかを確認する。併せて，2時間目での理解状況が不十分な生徒に着目し，声かけを行いサポートする。本時のまとめでは，特によい姿勢と考えられる具体的な言動や所作を取り上げる。一方で，努力を要する状況(C)と判断した生徒には，授業後に学習カードの記述内容を確認した後，個別に声をかけ，次回以降の取り組みに向けて改善できるよう励ます。

　また，デジタル学習カードでは伝統的な行動をとる際の心がけの部分を評価するため，例えば投げたり投げられたりした時や，礼をしている時の気持ちなどが記述できるようにする。なお，学習カードをデジタル化することによって，生徒においては，2時間目の学習を容易に振り返ることができたり，本時の学習との関連性・連続性をもちやすくしたりできるようにする。他方で，教師においても生徒の学びのプロセスを踏まえた評価や，適宜にフィードバックコメントの入力が行いやすいようにする。

○15H　12〜15時間目の「伝統的な行動の仕方」に関する思考・判断・表現の活動を踏まえて，単元の総括となる本時では新たに観察機会を設けることはせず，「主体的に学習に取り組む態度」の評価確定のための最終確認を実施する。その際，それまでの授業の中で取り組み姿勢や学習カードにおいて何らかの変化がみられた場合の記録（加点や減点）を参考にする。

G　ダンス（現代的なリズムのダンス）

12 第3学年（14時間）
性差，障害の有無を越えてダンスの楽しさを味わう 指導の工夫と評価

「主体的に取り組む態度」の評価の重点　共生

内容のまとまり　第3学年「G　ダンス」

▶ 栫　ちか子

1　単元の目標

(1)次の運動について，感じを込めて踊ったり，みんなで自由に踊ったりする楽しさや喜びを味わい，ダンスの名称や用語，踊りの特徴と表現の仕方，交流や発表の仕方，（運動観察の方法，体力の高め方など）を理解するとともに，イメージを深めた表現や踊りを通した交流や発表をすることができるようにする。

ウ　現代的なリズムのダンスでは，リズムの特徴を捉え，変化とまとまりを付けて，リズムに乗って全身で踊ることができるようにする。

(2)表現などの自己や仲間の課題を発見し，合理的な解決に向けて運動の取り組み方を工夫するとともに，自己や仲間の考えたことを他者に伝えることができるようにする。

(3)（ダンスに自主的に取り組むとともに），互いに助け合い教え合おうとすること，（作品や発表などの話合いに貢献しようとすること），一人一人の違いに応じた表現や役割を大切にしようとすることなどや，健康・安全を確保することができるようにする。

＊（　）内はほかの単元で指導

2　単元の評価規準

知識・技能		思考・判断・表現	主体的に学習に取り組む態度
知識	技能		
①ダンスには，身体運動や作品創作に用いられる名称や用語があることについて，学習した具体例を挙げている。（名称・用語） ②それぞれの踊りには，その踊りの特徴と表現の仕方があることについて，学習した具体例を挙げている。（特徴・表現の仕方） ③それぞれのダンスの交流や発表の仕方には，簡単な作品の見せ合いや発表会などがあること，見る人も拍手をしたりリズムをとるなどしたりして交流し合う方法があることについて，学習した具体例を挙げている。（発表の仕方）	①簡単なリズムの取り方や動きで，音楽のリズムに同調したり，体幹部を中心としたシンプルに弾む動きをしたりして自由に踊ることができる。（自由に踊る） ②軽快なロックでは，全身でビートに合わせて弾んだり，ビートのきいたヒップホップでは膝の上下に合わせて腕を動かしたりストップするようにしたりして踊ることができる。（弾み・縦のり） ③リズムの取り方や動きの連続のさせ方を組み合わせて，動きに変化を付けて踊ることができる。（動きの変化） ④リズムや音楽に合わせて，独自のリズムパターンや動きの連続や群の構成でまとまりを付けて踊ることができる。（まとまり）	①選択した踊りの特徴に合わせて，よい動きや表現と自己や仲間の動きや表現を比較して，成果や改善すべきポイントとその理由を仲間に伝えている。（課題発見） ②作品創作や発表会に向けた仲間と話し合う場面で，合意形成するための関わり方を見付け，仲間に伝えている。（参画） ③体力の程度や性別等の違いに配慮して，仲間とともにダンスを楽しむための活動の方法や修正の仕方を見付けている。（共生）	①仲間に課題を伝え合ったり教え合ったりして，互いに助け合い教え合おうとしている。（協力） ②一人一人の違いに応じた表現や交流，発表の仕方などを大切にしようとしている。（共生） ③健康・安全を確保している。（健康・安全）

3　単元構造図

時数（単位時間）: 1　2　3　④　5　6　7　8　9　10　11　12　13　14

共通事項：出席確認、健康把握、準備運動

学習の流れ

- オリエンテーション
  - ・単元のねらいと見通し
  - ・安全確保
- 動画鑑賞　知②特徴・表現の仕方　態③健康・安全

- ウォーミングアップ
  - ・円形コミュニケーション
  - ・グランドチェーン
  - ・ペアワーク
  - 態③健康・安全
- ウォーミングアップ
  - ・円形コミュニケーション
  - ・ペアワーク
- ウォーミングアップ
  - ・円形コミュニケーション
  - ・ペアワーク

- 交流ダンス　技①自由に踊る
- リズムの特徴　知①名称・用語
- リズムの特徴　知①名称・用語

- ロックのリズムのダンスを踊る　態②共生　技②弾み
  - ・アフタービート
  - ・あんたがたどこさ
  - ・教師の真似
  - ・動きの振り返り・確認
  - ・動きの再構成

- 縦のりの動き・ストップ　技②縦のり

- ヒップホップのリズムのダンスを踊る・つくる　思③共生
  - ・ヒップホップ版あんたがたどこさ
  - ・教師の真似
  - ・動きの振り返り・確認
  - ・動きの再構成

- 動きの変化
  - ・リズムの取り方
  - ・動きの連続
  - 技③動きの変化

- 群構成
  - ・リズムパターン
  - ・群構成
  - 技④まとまり

- グループ活動：オリジナルダンスづくり
  - 知③発表の仕方　態①協力　思①課題発見　思②参画

- グループ間での見せ合い

- 発表・交流会
- 発表・交流会の振り返り　意見の共有
- 各グループにコメント　これからのダンスとの関わり方　単元のまとめ

整理運動、振り返り、時間外の課題の確認

（左軸目盛）10　20　30　40　50

総括的評価

評価

観点	評価規準（時数順）
知識	②特徴・表現の仕方　①名称・用語　①名称・用語
技能	①自由に踊る　②弾み　②縦のり
思・判・表	③共生　①課題発見　③動きの変化　②参画
態度	③健康・安全　②共生　③共生　①協力　④まとまり

119

4 学びに向かう力，人間性等の指導の工夫マップ

解説の表記（学年：3，領域：ダンス，態度の内容：共生）

> **一人一人の違いに応じた表現や役割を大切にしようとする**とは，体力や技能の程度，性別や障害の有無等に応じて，自己の状況に合った実現可能な課題の設定や挑戦を大切にしようとしたり，練習や交流及び発表の仕方の修正に合意しようとしたりすることを示している。そのため，様々な違いを超えて踊りを楽しむことができる配慮をすることで，ダンスのよりよい環境づくりに貢献すること，違いに応じた配慮の仕方があることなどを理解し，取り組めるようにする。

概念知（する意味）

- ・様々な違いを超えて踊りを楽しむため
- ・ダンスのよりよい環境づくりに貢献することができるため
- ・違いに応じた配慮の仕方があることに気付くため

具体知（何をするのか）

体力や技能の程度，性別や障害の有無等に応じて，自己の状況に合った実現可能な課題の設定や挑戦を大切にしようとしたり，練習や交流及び発表の仕方の修正に合意しようとしたりすること

教師の働きかけ

〈場面・教材〉
1H　オリエンテーション
- ・ダンスの特徴・表現の仕方の説明の際，体力，技能の程度，性別や障害の有無等を超えて楽しむことの意義を伝える。
- ・様々なジャンル，国，人々の踊る動画を鑑賞して，違いに応じたダンスについて理解する。
- ・交流ダンスの中で，それぞれが好きなポーズを見せ合う場面を設定する。

4H　グループ活動
個人で考えた動きをグループ内で模倣を通して共有する。その後，個人で考えた動きを生かして，グループで短いフレーズのオリジナルダンスをつくる。

4H　見せ合いの活動
それぞれの動きのよいところや違いをお互いに発表し合う。

5H〜7H
ダンスをつくる過程や見せ合いの中で共生への配慮を汎用化する。

〈発問〉
1H
いろいろなダンスを鑑賞してもらいます。それぞれのダンスの特徴（ジャンル，国，人等）とよいと思ったところをワークシートに記入しましょう。

4H
- ・個人で考えた動きを生かすには，どのような配慮が必要ですか？
- ・自分や仲間の違いに配慮することは何のために大切ですか？
- ・見せ合いの活動でお互いが気持ちよく発表するために，どのような態度で鑑賞するとよいでしょうか？

5H〜7H
全員がダンスを楽しんだり，気持ちよく発表し合うための仲間への配慮を挙げてみましょう。

5 本時の展開

(1)指導の流れと重点

　本時は，14時間配当の4時間目であり，ロックのリズムのダンスの3時間目である。また，本時では，「態度②一人一人の違いに応じた表現や交流，発表の仕方などを大切にしようとしている。（共生）」の指導を行う。前時までの毎時間，ダンスの特徴・表現の仕方を踏まえ，ロックのリズムの動きづくりの際に，ペアやグループで，それぞれの動きのよさや違いを伝え合う活動を実施している。

(2)評価の重点

　2・3時間目に学習した「技能②軽快なロックでは，全身でビートに合わせて弾んだり，ビートのきいたヒップホップでは膝の上下に合わせて腕を動かしたりストップするようにしたりして踊ることができる。（弾み）」を観察評価する。

(3)本時の流れ（4／14）※態度に関する指導を中心に記述している

時間	学習内容（□）　　活動（○）	留意点（＊）　　評価（☆）
はじめ 15分	○整列，出席点呼を受ける ・呼名の際に，体調不良等で，見学，運動量の調整等の配慮を求める場合は，申し出る。 ○本時の学習の見通しをもつ (1)前時までの学習を確認する 　知識：ダンスの特徴・表現の仕方 　技能：ロックのリズムのダンスの動きのポイント (2)本日の「学習のねらい」「今日の『？』」を確認する 　ねらい：ロックのリズムのダンスづくりを通して，「一人一人の違い」に応じた表現や交流，発表の仕方について配慮できるようになろう。 **態度②一人一人の違いに応じた表現や交流，発表の仕方などを大切にしようとしている。（共生）** ○ウォーミングアップ ・円形コミュニケーション，グランドチェーン，ペア。 ○交流ダンス ・ペアチェンジをしながら自由な動き・ポーズ。	＊既習内容について，ホワイトボード（表）を使って確認させる。 授業の流れ 現代的なリズムのダンス（4時間目） ＊UDの視点から授業の流れは掲示する ＊安全に気を付けながら，様々な仲間と関わり，一人一人の動きやポーズの違いを楽しみながら踊るように促す。
なか 25分	○リズムの特徴を捉える（弾みの確認） ・技能のポイントを動きながら確認する。 ○ロックのリズムのダンスを踊る (1)教師の動きの真似をする (2)個人で教師が出した動きの中から好きな動きを3つ選ぶ。3人グループになり，順番に自分の好きな動きを3つつなげて，仲間と一緒に踊る。リーダーを交代して全員の動きを共有する (3)3人で3つの動きを選び，8×2で2回繰り返しながらつないで，グループでオリジナルダンスをつくる Q1．個人で考えた動きをグループでつくるオリジナルダンスに生かすには，どのような配慮が必要かな？ Q2．自分や仲間の違いを大切にするのは何のため？ ○グループ間での見せ合い (1)つくった動きをペアグループで見せ合う Q3．見せ合いの活動でお互いが気持ちよく発表するためには，どのような態度で鑑賞するといいかな？ (2)グループ間で見せ合った動きの意見・感想を伝え合う	＊様々な動きを例に「全身で弾む」「つま先で跳ぶ」「おへそを動かす」を意識して，動き続けることがポイントであることを伝える。 ☆評価規準：観察 技能②軽快なロックでは，全身でビートに合わせて弾んだり，ビートのきいたヒップホップでは膝の上下に合わせて腕を動かしたりストップするようにしたりして踊ることができる。（弾み） ※指導は2・3時間目 ☆評価：態度②5時間目に評価 ＊教師の発問（Q1）によって，共生の視点の気付きを促し，さらなる発問（Q2）によって，共生の意義を理解し，汎用的な知識の定着を促す。 ＊教師の発問（Q3）によって，Q2の知識を生かし，自分やグループの行動や所作を具体的に想起させる。
まとめ 10分	○次時以降のダンスづくりや見せ合いの行動の際にも生かすことのできる気付きについて振り返りを行い，タブレットに入力する ○次時は，ヒップホップのリズムのダンスの学習を開始することを確認する	＊様々な違いを超えてダンスを楽しむために，ダンスづくりの場面及び発表の場面でのお互いの違いの生かし方・配慮の仕方について振り返りを促す。また共生の意義についても確認する。

6 本単元の「主体的に学習に取り組む態度」の評価の工夫

(1)評価方法の工夫

単元では，3つの評価規準を単元構造図で設計し，「③健康・安全を確保している。（健康・安全）」は，1・2時間目に指導し，3時間目に観察評価をしている。本事例（4時間目）で取り上げた「②一人一人の違いに応じた表現や交流，発表の仕方などを大切にしようとしている。（共生）」の評価は次時の5時間目に設定した（観察評価）。「①仲間に課題を伝え合ったり，教え合ったりして，互いに助け合い教え合おうとしている。（協力）」は，8時間目に指導し，9時間目に観察評価をした。

2〜7時間までは，50分の授業の流れをウォーミングアップ→リズムの特徴・動きの確認→ダンスを踊る・つくる→見せ合いと，おおよそ同様の流れで設定し，ウォーミングアップ時に「安全」，ダンスづくりと見せ合いの際に「共生」の観点を重点的に指導し，また評価も同タイミングで実施できるよう工夫した。また，8〜12時間目も，50分の授業の流れをウォーミングアップ→動き方の説明・実践→ダンスづくり→見せ合いの流れで設定し，ダンスづくりと見せ合いの際に「協力」の観点を重視して指導し，評価も実施した。

「主体的に学習に取り組む態度」の指導では，発問を通して，実際の活動の中での具体的な姿を考えさせた上で，それは何のために行うのかという共生の意義を確認し，さらに別の場面でも発問をし，行動させることで，共生の意義を理解した上での汎用的な行動につなげようとしている。その姿を指導後の授業時の行動で評価する。

共生の態度については，4時間目で重点的に指導し理解状況を確認して，5時間目に観察評価を実施した後，授業で取り組みの変化を観察し，加点減点を実施する。

(2)判断の目安例（ルーブリック）

規準	A十分満足できる	Bおおむね満足できる	C努力を要する
学びの姿 （Bは評価規準）	態度のもととなる知識を理解し，言動が安定的に出現。	一人一人の違いに応じた表現や交流，発表の仕方などを大切にしようとしている。（共生）	共生への理解が不十分で，言動に肯定的姿勢が不足。
「主体的に学習に取り組む態度」 共生の理解の程度	記述が，概念をもとに具体的行動についても明示されている。	様々な違いを超えてダンスを楽しむことができる配慮をすることで，ダンスのよりよい環境づくりに貢献すること，違いに応じた配慮の仕方があることを理解している。	共生の記述（4時間目）が不十分であり，手立て後の加筆もみられない状況。
行動観察による具体的な言動や行動 5時間目（全体） 6〜14時間目（補足）	・違いを生かす・取り入れる，他者を尊重する。 ・6〜14時間目の他者への意識の高い行動。	・違いを受け入れる，思いを統制する。 ・6〜14時間目の努力を要する状況での指導からの肯定的変化。	・違いを敬遠する。 ・他者を嫌悪する・否定する・拒否する。

(3)評価方法の実際

○4時間目　本時の振り返り（態度のもととなる知識の理解状況）

なか（25分）の活動の「ロックのリズムのダンスを踊る」の(4)の時間に，教師からQ1を発問し，生徒からの意見をホワイトボードにまとめる。次にQ2について全員で考え，意見を聞いた上で，共生の意義についてまとめる。また「グループ間での見せ合い」の際には，Q3について考え，生徒の意見をまとめ，知識の定着を図る。

まとめ（10分）の時間には，共生の視点の具体的な取組及び意義についての理解状況を確認するため，タブレットを使って，振り返りを入力する。

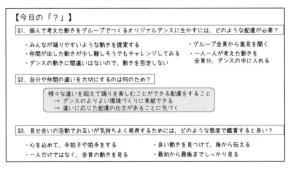

ホワイトボード（裏）　　　　　　　　　振り返り（Google Forms）

○5時間目　全体観察

ヒップホップのリズムのダンスの時間となるが，授業の流れは4時間目と同様であり，オリジナルダンスをつくる活動と見せ合いの活動の際に，前時で学習した「態度②一人一人の違いに応じた表現や交流，発表の仕方などを大切にしようとしている。（共生）」姿を観察評価する。

判断の目安例（ルーブリック）に基づき，仲間の違いを受け入れ尊重しようとしている姿がみられるかを観察する。特に他者の意見や考えをどのような行動・言動で「受け入れているか」に焦点化して評価する。

まとめの時間には，再度，共生の意義を確認した上で，特に目立った具体的な言動や行動を取り上げ，全員で共有する。

本時で努力を要する状況(C)と判断した生徒には，個別に声をかけ，フォローする。次時以降も引き続き見守る。

○6〜14時間目　補足観察

特に7時間目までは50分の流れが2時間目以降と同様であるため，オリジナルダンスをつくる活動と見せ合いの活動の際に，個別に授業で取り組みの変化を観察し，加点減点を実施する。特に5時間目で努力を要する状況(C)と判断した生徒の取り組みは，注意深く観察する。

体育
分野

13 第3学年（3時間）
3時間の中で，どのように態度を評価するか

「主体的に取り組む態度」の評価の重点　自主的に取り組むこと

内容のまとまり　第3学年「ウ　文化としてのスポーツの意義」　　　　　　　▶ 大越　正大

1 単元の目標

ア　文化としてのスポーツの意義について理解できるようにする。

㋐スポーツは，文化的な生活を営みよりよく生きていくために重要であること。

㋑オリンピックやパラリンピック及び国際的なスポーツ大会などは，国際親善や世界平和に大きな役割を果たしていること。

㋒スポーツは，民族や国，人種や性，障害の違いなどを超えて人々を結び付けていること。

イ　文化としてのスポーツの意義について，自己の課題を発見し，よりよい解決に向けて思考し判断するとともに，他者に伝えることができるようにする。

ウ　文化としてのスポーツの意義についての学習に自主的に取り組むことができるようにする。

2 単元の評価規準

知識	思考・判断・表現	主体的に学習に取り組む態度
①スポーツは，文化的な生活を営み，よりよく生きていくために重要であることについて，言ったり書き出したりしている。（文化的意義） ②オリンピックやパラリンピック及び国際的なスポーツ大会などは，国際親善や世界平和に大きな役割を果たしていることについて，言ったり書き出したりしている。（文化的役割） ③スポーツは，民族や国，人種や性，障害の違いなどを超えて人々を結び付けていることについて，言ったり書き出したりしている。（文化的働き）	①文化としてのスポーツの意義について，自己の課題を発見し，よりよい解決に向けて思考し判断するとともに，他者に伝えている。（課題発見）	①文化としてのスポーツの意義についての学習に自主的に取り組もうとしている。 （①－1自主的－粘り強さ） （①－2自主的－自己調整）

3 単元構造図

① 1時間目

3年次（まとまり）及び本時（単元）のねらい・流れを知る
まとまり：文化としてのスポーツの意義
単元：現代生活におけるスポーツの意義

- 自分が行っているスポーツ活動の目的を書き出す【個人】　①-1 自主的・粘り強さ
- 周りの人は、どんな目的でスポーツを行っているのだろう？【グループディスカッション】
- 現代の生活におけるスポーツの意義を3つの意義にまとめよう【グループワーク：カテゴリー分け】～健やかな心身・豊かな交流・自己開発の機会をもたらすことを知る
- 自分のスポーツ活動を3つの意義に照らして自己の課題を考えてみよう【個人】　思①課題発見
- 文化的意義を示した文章やスポーツ振興計画を知る（触れる）（ICT）
- 本時（単元）のまとめ　知①文化的意義

評価：①文化的意義／①-1 自主的・粘り強さ

② 2時間目

本時（単元）の学習のねらいを知る
国際的なスポーツ大会などが果たす役割

- オリパラ以外の国際的なスポーツ大会を書き出す【個人】
- オリパラ・ワールドカップ総集編の視聴（ICT）～それらのよさや魅力を書き出す【個人】
- 「教育的な意義」「倫理的な価値」「人々の相互理解」で分類する【グループワーク】～これらの深まり・広がりによりこれらの大会が国際親善や世界平和に大きな役割を果たしていることを知る
- このような大会に、今、自分が関われること・貢献できることを考えよう【個人】　思①課題発見
- メディアの発達により、果たす役割が一層大きくなっていることを知る（触れる）
- 本時（単元）のまとめ　知②文化的役割

評価：②文化的役割／①課題発見

③ 3時間目

人々を結び付けるスポーツの働き

- 言葉の通じないと友達になるには（一緒に楽しめるものは）？【個人～グループディスカッション】　態①-2 自主的・自己調整
- 世界の人々がスポーツで交流する場面の映像を視聴（ICT）～スポーツは世界共通言語 共通ルールがあり大会なども行われていることを知る
- 「スポーツは○○の違いを超えて結び付ける力があるから…○○に何が入るでしょう？」【グループディスカッション】～違いを超えてで人々を結び付ける働きがあることを知る
- 違いを超えて交流するために大切なこと、アイデアを考えよう【個人】　知③文化的働き
- 本時（単元）のまとめ　3年次・中学校の総まとめ

評価：③文化的働き／①-2 自主的・自己調整

学習の流れ（10・20・30・40・50）
評価：知識／思・判・表／態度

125

4 学びに向かう力，人間性等の指導の工夫マップ

解説の表記（学年：3，領域：体育理論，態度の内容：自主的に取り組むこと）

「ウ　文化としてのスポーツの意義についての学習に自主的に取り組むこと。」
（以下，解説）文化としてのスポーツの意義を理解することや，意見交換や学習ノートの記述などの，思考し判断するとともにそれらを表現する活動及び学習を振り返る活動などに自主的に取り組むことを示している。

概念知（する意味）

文化としてのスポーツの意義を，自身のスポーツライフにつながるものと捉えることができるようにするため

具体知（何をするのか）

○文化的な生活を営み，よりよく生きていく上でのスポーツの重要性についての学習に自主的に取り組むこと
○オリンピックやパラリンピック及び国際的なスポーツ大会などの役割についての学習に自主的に取り組むこと
○様々な違いなどを超えて人々を結び付けるスポーツについての学習に自主的に取り組むこと

教師の働きかけ

〈場面・教材〉
1H（第1単元）
ワークシートを活用し，グループディスカッション，カテゴリー分け，発問の工夫により思考・自主的学習を促進する。
2H（第2単元）
ワークシート・映像資料を活用し，分類ワーク，発問の工夫により思考・主体的学習を促進する。
3H（第3単元）
ワークシート・映像資料を活用し，グループディスカッション，発問の工夫により思考・主体的学習を促進する。

〈発問〉
1H（第1単元）
自分の行っているスポーツの目的とは？
周りの人はどのような目的でスポーツを行っていますか？
自分のスポーツ活動を3つの意義に照らして自己の課題を考えてみましょう。
2H（第2単元）
オリパラや国際的なスポーツ大会のよさや魅力とは？
今，自分が関われること・貢献できることを考えましょう。
3H（第3単元）
言葉の通じない人と友達になるには（一緒に楽しめるものは）？
スポーツは○○の違いを超えて結び付ける力がある…○○に何が入るでしょう？
違いを超えて交流するために大切なこと，アイデアを考えましょう。

5 本時の展開

(1)指導の流れと重点

　本時は，「現代生活におけるスポーツの文化的意義」「国際的なスポーツ大会などが果たす文化的役割」「人々を結び付けるスポーツの文化的な働き」の3つの単元で構成される「文化としてのスポーツの意義」のまとまりの第1単元に位置付く。3年間で9単位時間程度の配当のため，第1学年及び第2学年では，「粘り強い取り組みを行おうとする側面」からの指導を充実させ，特に第3学年では，「自らの学習を調整しようとする側面」に着目し指導を行う。

(2)評価の重点

　本時における態度面の評価では，「態度①文化としてのスポーツの意義についての学習に自主的に取り組もうとしている。（①-1自主的-粘り強さ）」をみとる上で，まず，「粘り強く取り組む姿」を確認しておく。本単元は，観察及びワークシートの記述により，単元後に評価することになる。

(3)本時の流れ（1／3）※態度に関する指導を中心に記述している

時間	学習内容（□）　　活動（○）	留意点（＊）　　評価（☆）
はじめ5分	（出席確認・アイスブレイク） ○まとまり（全3回）のテーマ「文化としてのスポーツの意義」と本時のテーマ「現代生活におけるスポーツの文化的意義」におけるねらい，授業の進め方を確認する	＊ワークシートを使用して授業を進めることを伝える。 ＊学習活動の前に，自主的取組の意義（概念知）を確認する。
なか35分	**現代生活におけるスポーツは，生きがいのある豊かな人生を送るために必要な健やかな心身，豊かな交流や伸びやかな自己開発の機会を提供する重要な文化的意義をもっていること。** 発問：自分が行っているスポーツ活動（体育の授業を含む）の目的を書き出してみよう。【個人】 ○ワークシートに書き出し，隣の人とシェアする ○数人の生徒が内容を紹介する 発問：親など周りの人は，どんな目的でスポーツを行っているのだろう？グループで出し合って共有しよう。【グループディスカッション】 ○グループで話し合い，各自のワークシートに書き込む ○書かれた内容を代表者が全体に発表する 発問：現代の生活におけるスポーツの意義をまとめてみよう。【グループワーク：カテゴリー分け】 ○ワークシートに書かれた内容をキーワード化して付箋に記入し，同種の内容でカテゴリー化する ○スポーツは「健やかな心身」，「豊かな交流」，「自己開発」の機会をもたらす文化的意義をもっていることを知る 発問：自分のスポーツ活動を3つの意義に照らして自己の課題を考えてみよう。【個人】 **国内外には，スポーツの文化的意義を具体的に示した憲章やスポーツの振興に関する計画などがあること。（触れる）** ○タブレットを使用し，スポーツの文化的意義を示した憲章やスポーツ振興計画などを検索し，概要を確認する	☆評価規準：観察・ワークシート 態度①－1　文化としてのスポーツの意義についての学習に自主的に取り組もうとしている。（自主的－粘り強さ） ＊知識の獲得や他者との意見交換の際に，これまで学習してきた「粘り強く取り組むこと」を改めて確認し，姿勢が不十分な場合は，個別に支援する。また，3時間を通して，体育理論への自らの取り組みの自己評価をすることを伝えておく。 ＊ファシリテーター役を決め，全員が発言できるように助言する。 ＊親をはじめとする親族や知人など，身近な人がどのようなスポーツ活動を行っているか，その活動の仕方から目的を推測させる。 ＊発表内容に3つの内容が含まれていることを指摘する。 ＊ユネスコの憲章，日本・地元のスポーツ基本計画を取り上げる。
まとめ10分	○教師からまとめの話を聞く ○本時の学習を振り返り，学習した内容を，ワークシートを使って整理する ○次時は，「オリンピックやパラリンピック及び国際的なスポーツ大会などの役割」について学ぶことを知る	＊学習内容の要点を再度説明する。 ☆評価規準：ワークシート 知識①スポーツは，文化的な生活を営み，よりよく生きていくために重要であることについて，言ったり書き出したりしている。（文化的意義）

6 本単元の「主体的に学習に取り組む態度」の評価の工夫

⑴評価方法の工夫

　本単元における態度の評価は，「①文化としてのスポーツの意義についての学習に自主的に取り組もうとしている」ことを評価するが，３年生では，体育理論の締めくくりとなることから，自らの学習への取り組み方に気付かせ，自己評価等を通して「自らの学習を調整しようとする側面」に着目した指導と評価を充実させるための１時間目としている。

　自主的な学習態度を促すためには，各単元の学習内容に対して興味・関心をもち，自分に関係することとして捉えさせる指導が求められる。本事例では，発問・ワークシートの工夫，映像資料の視聴を取り入れている。こうした指導により，自らの豊かなスポーツライフにつながるイメージをもたせながら学習を進める。豊かなスポーツライフの姿である「する・みる・支える・知る」といったスポーツの関わり方の中でも，体育理論は「知る」に大きく関わる。生徒の中に，将来，スポーツを専門的に調べたり研究したりする進学先や就職先を考える人が出てくるような授業を心がけたい。そのためには，学習を通して，スポーツの価値や魅力，必要感などを感じることで，自主的に学習に取り組む態度を促すことが大切と考えられる。

　また，本事例では，第１単元時に，「主体的に学習に取り組む態度」がなぜ大切なのか（概念知），どのように取り組むのか（具体知，方法知）を指導した上で，学習活動に取り組ませている。粘り強く取り組むことに加えてこれまでの知識を得ることや考えをまとめたり伝えたりするための取り組みについて自らの学習を調整しようとする意欲を併せて指導する。

　以下は，本事例で紹介する態度の学習の概要である。

○１時間目　第１単元：現代生活におけるスポーツの文化的意義

　文化的な生活を営み，よりよく生きていくために重要であることを，個人及びグループでワークを行う中で見出し，価値観を高めつつ自己の課題を見つけ，自主的な学習態度につなげる。

○２時間目　第２単元：国際的なスポーツ大会などが果たす文化的役割

　国際的なスポーツ大会のよさや魅力を書き出し，「教育的な意義」，「倫理的な価値」，「人々の相互理解」で分類する。その上で自己のスポーツ活動における課題を見つける。こうしたワークの中で，スポーツに対する価値観や必要感を高め，自主的な学習態度につなげる。

○３時間目　第３単元：人々を結び付けるスポーツの文化的な働き

　言葉の通じない人と友達になる方法を考える中で，世界統一ルールのあるスポーツは有効な交流の手段であることに気付かせる。さらに，スポーツが民族や国，人種や性，障害の違いなどを超えて人々を結び付けていることに気付かせ，自己の課題を見つけ，解決方法を考える中で，スポーツに対する価値観をさらに高め，自主的な学習態度につなげる。

　３年間の学習を振り返り，スポーツを「知る」楽しさをより味わえるよう自身の取り組みについてまとめる学習から，「自らの学習を調整しようとする意欲」を合わせて評価を行う。

⑵判断の目安例（ルーブリック）

規準	A十分満足できる	Bおおむね満足できる	C努力を要する
学びの姿 （Bは評価規準）	自分だけでなく，仲間にも，自主的な取組を促している。	文化としてのスポーツの意義についての学習に自主的に取り組もうとしている。 （粘り強さ，自己調整）	自分のこととして捉えられず，受動的な取組となっている。
「主体的に学習に取り組む態度」 自主的な取組の理解の程度	自分のこととして捉えることが「知る」スポーツの関わりには大切であり，スポーツに対する価値観が自主的な取組につながり，学習成果を生むことを理解している。	自分のこととして捉えることが，自主的な取組につながり，学習成果を生むことを理解している。	自主的な取組の意義が理解できていない。
行動観察による具体的な言動や行動	・仲間との意見交換場面での発言や傾聴。 ・板書以外の記載状況。 ・取組への記載。	・指示に従い，記入や活動を受け入れる様子。 ・いくつかの観察場面での意欲的な取組。	・消極的な姿勢。 ・記入の不足，未記入。 ・教師の支援への拒絶。

⑶評価方法の実際

　学習を始めるにあたり，自主的な学習が大切である理由を指導し，学習カードに記述する。その上で，自分が行っているスポーツ活動の目的，周囲の人々がどんな目的でスポーツを行っているのかについて，グループで相談しながらで書き出す。さらに，グループワークでカテゴリー分けをすることにより，現代の生活におけるスポーツの意義をまとめる。こうした学習活動における態度の学びの姿として，積極的な発言やワークシートに記述する姿を観察及び記載状況により評価する。観察については1クラス4人程度のグループに分けると9〜10グループになるため，クラス全体を見渡す場面と机間巡視を併用する。机間巡視では，努力を要する生徒への支援を適時に行う。観察だけでは限界があるため，ワークシートの記述の量や内容も参考にするが，内容については思考・判断・表現の評価材料であり，態度面は参考資料として補助的に用いることになる。また，学習カードの記述は授業後に確認することになる。

14 第2学年（8時間）
知識や思考力，判断力，表現力等を身に付ける学習活動を通した粘り強さの育成

「主体的に取り組む態度」の評価の重点　粘り強さの視点

内容のまとまり　第2学年「(3)傷害の防止」　　　　　　　　　　　▶ 岩佐　知美

1　単元の目標

(1)交通事故や自然災害などによる傷害の発生要因，交通事故などによる傷害の防止，自然災害による傷害の防止，応急手当の意義と実際について，理解することができるようにするとともに，心肺蘇生法などの技能を身に付けることができるようにする。

(2)傷害の防止に関わる事象や情報から課題を発見し，自他の危険の予測を基に，危険を回避したり，傷害の悪化を防止したりする方法を考え，適切な方法を選択し，それらを伝え合うことができるようにする。

(3)傷害の防止について，自他の健康の保持増進や回復についての学習に自主的に取り組もうとすることができるようにする。

2　単元の評価規準

知識・技能	思考・判断・表現	主体的に学習に取り組む態度
①交通事故や自然災害などによる傷害は，人的要因，環境要因及びそれらの相互の関わりによって発生することについて，理解したことを言ったり書いたりしている。（傷害の発生要因） ②交通事故などによる傷害を防止するためには，人的要因や環境要因に関わる危険を予測し，それぞれの要因に対して適切な対策を行うことが必要であり，人的要因に対しては，安全に行動すること，環境要因に対しては，交通環境などの整備，改善をすることがあることや，交通事故を防止するためには，自転車や自動車の特性を知り，交通法規を守り，周囲の状況に応じ，安全に行動することが必要であることについて，理解したことを言ったり書いたりしている。（傷害の防止対策）	①傷害の防止について，それらに関わる事柄や情報などを整理したり，個人生活と関連付けたりして，自他の課題を発見している。（課題発見） ②交通事故などによる傷害の防止について，習得した知識を自他の生活に適用したり，課題解決に役立てたりして，傷害を引き起こす様々な危険を予測し，回避する方法を選択している。（方法選択） ③傷害に応じた適切な応急手当について，習得した知識や技能を傷害の状態に合わせて活用して，傷害の悪化を防止する方法を見いだしている。（課題解決）	①傷害の防止について，自他の健康の保持増進や回復についての学習に自主的に取り組もうとしている。 （①－1自主的－粘り強さ） （①－2自主的－自己調整）

3　単元構造図

1

【導入】中学生の傷害の特徴

傷害の発生要因（人的要因と環境要因）

知①傷害の発生要因

校内や通学路の危険個所を見つけよう（校内や通学路の危険個所をタブレットで撮影）

2

前時の振り返り

危険個所の人的要因と環境要因をもとに、傷害を防止するための方法を考えよう

知①障害の防止対策

態①-1　粘り強さ

中学生の交通事故の特徴と自動車の特性

3

中学生の自転車通行を振り返り、交通事故を防止するための対策を考えよう

知②障害の防止対策

提示した事例から危険を予測し、回避する方法を考えよう

思②方法選択

自転車事故による加害責任

犯罪被害の防止

4

【導入】・写真で見る様々な自然災害・家や学校での備え

過去の自然災害とそれらの被害をもとに発生する傷害を考えよう

知（自然災害）

地震が発生したときの行動について自他の課題を発見しよう

思①課題発見

5

写真で見る様々な自然災害

自然災害による傷害を防止するための方策

知（自然災害）

住んでいる地域の災害時の状況や避難経路などを調べよう（タブレットでハザードマップを調べる）

6

【導入】傷病者に居合わせたとき、私たちができること

応急手当の意義

知（応急手当）

応急手当の方法・手順・心肺蘇生法の流れ・止血法・患部の固定

知（応急手当）

7

前時の振り返り・応急手当の意義や方法

【実習】心肺蘇生法（グループで心肺蘇生法の実践をタブレットで動画撮影）

技（心肺蘇生法）

態①-2　自己調整

8

心肺蘇生法の一連の流れを確認し、傷害の悪化を防ぐためのよりよい方法を見つけて、自他の課題と解決方法を話し合おう

思③課題解決

振り返り

総括的評価
③課題解決

学習の流れ　10　20　30　40　50

評価

	知識	技能	思・判・表	態度
①障害の発生要因				①-1 粘り強さ
②障害の防止対策			②方法選択	
（自然災害）			①課題発見	
（応急手当）				
（心肺蘇生法）				①-2 自己調整
			③課題発見	

131

4 学びに向かう力，人間性等の指導の工夫マップ

解説の表記（学年：2，内容：傷害の防止，態度の内容：粘り強さの視点）

自他の健康に関心をもち，現在だけでなく生涯を通じて健康の保持増進や回復を目指す実践力の基礎を育てることによって，生徒が現在及び将来の生活を健康で活力に満ちた明るく豊かなものにできるようにする。

概念知（する意味）

主体的に学習に取り組むことで，自他の健康に関心をもち，生涯を通じた健康の保持増進や回復を目指す実践力の基礎を身に付けるため

具体知（何をするのか）

【粘り強い取組を行おうとしている側面】
①課題に対して，自ら探したり調べたりして進んで取り組もうとすること
②課題に対して，何度も繰り返して確認しようとすること
③自分の考えを仲間に伝えたり，仲間の考えを尊重しながら聞いたりしようとすること
【自らの学習を調整しようとする側面】
・課題に対して，計画された時間に着実に遂行しようとすること
・課題発見・課題解決の場面で，仲間と比較したり関連付けたりしようとすること

教師の働きかけ

〈場面・教材〉
■知識を理解しようとする場面
①1・2H　危険個所の要因や対策から傷害の発生に関する知識を習得するための学習活動
・学習カードを振り返る。
・教師や仲間の助言を参考にして実践する。
②6H　応急手当や心肺蘇生法の手順の知識を習得するための学習活動
・手順カードを並べ替える。
・ペアで確認する。
■思考・判断し，表現しようとする場面
③3H　話合い活動
・自己の考えをしっかり伝える。
・仲間の考えを最後まで聞く。
②8H　課題を解決するための学習活動
・動画の視聴方法を工夫する。
・動画を繰り返し確認する。

〈発問〉
①危険個所の人的要因・環境要因を複数見つけるために，前時の学習カードを確認したり，仲間と相談したりして見つけるようにしましょう。
②応急手当や心肺蘇生法の手順について，自分で覚えた後，提示した手順カードの説明文の間違いを探し，正しい説明，カードを正しい順に並べ替えましょう。その後ペアで実演しながら再度流れを確認しましょう。
③自分の考えを仲間に伝えましょう。自分と異なる考えをもつ仲間の意見は否定せずメモをとるようにしましょう。
②実習動画を繰り返し見たり，一時停止やスロー再生したりして傷害の悪化を防止するための方法を見つけましょう。

5 本時の展開

(1)指導の流れと重点

　本時は，8時間配当の2時間目であり，前時に撮影した校内や通学路の危険個所の画像から人的要因や環境要因に関わる危険を予測し，具体的な対策を考える学習活動を通して傷害の発生に関する知識の指導を行う。さらに，それらの学習活動に粘り強く取り組むことができるように指導を行う。

(2)評価の重点

　人的要因や環境要因に関わる危険を予測し，それらの対策について考える学習場面において，「態度①傷害の防止について，自他の健康の保持増進や回復についての学習に自主的に取り組もうとしている。（粘り強さ）」を観察評価する。

(3)本時の流れ（2／8） ※態度に関する指導を中心に記述している

時間	学習内容（□）　　活動（○）	留意点（＊）　　評価（☆）
はじめ7分	○出欠確認 ○本時の学習の見通しをもつ (1)前時までの学習を確認する ・傷害は人的要因と環境要因が関わって発生すること ・撮影した危険個所の要因を自己で確認 ・どのような視点で撮影したのかをグループで交流 (2)本日の学習のねらいを確認する 　ねらい：傷害を防止するために必要なことを理解しよう。	＊人的要因と環境要因の両方の視点で確認するように促す。 ＊わかりにくい場合は，近くの仲間と相談してもよいことを伝える。 →【粘り強さの視点】
	（知・技②交通事故などによる傷害を防止するためには，危険を予測し，それぞれの要因に対して適切な対策を行うことが必要であることについて，理解しようとすること。（傷害の防止対策）） 態度①傷害の防止についての学習に粘り強く取り組もうとすること。（自主的－粘り強さ）	
なか33分	○撮影した危険個所について整理する (1)ホワイトボード機能ソフトを使ってまとめる ▶予想される事故の概要 ▶人的要因とその対策 ▶環境要因とその対策 (2)まとめたものについて，それぞれの要因に対して適切な対策となっているかをグループで交流し，追加したり修正したりする (3)全体で交流し，交通事故などによる傷害を防止するためには危険を予測し，それぞれの要因に対して適切な対策を行うことが必要であることについて確認する ○中学生の交通事故の特徴と自転車や自動車の特性について，グラフや資料で確認する	＊人的要因や環境要因の知識について前時の学習カードを振り返るよう促す。 →【粘り強さの視点】 ＊それぞれの要因からの対策を複数挙げられるように促し，仲間から助言をもらいながら取り組むよう伝える。 →【粘り強さの視点】 ＊グループで交流する際に，自分の考えを伝えること，仲間の考えを最後まで聞くことが大切であることを伝える。 →【粘り強さの視点】 ☆評価規準：観察 態度①傷害の防止についての学習に粘り強く取り組もうとしている。（自主的－粘り強さ）
まとめ10分	○交通事故などによる傷害を防止するために必要なこと，わかったことについてまとめる 【予想される事故の概要】 人的要因　　撮影した危険個所の写真　　環境要因 対策　　交通事故などによる傷害を防止するために必要なこと，分かったことについてまとめましょう。【知識②】　　対策	☆評価規準：学習カード 知識②交通事故などによる傷害を防止するためには，危険を予測し，それぞれの要因に対して適切な対策を行うことが必要であることについて，理解したことを言ったり書いたりしている。（傷害の防止対策）

6 本単元の「主体的に学習に取り組む態度」の評価の工夫

(1)評価方法の工夫

　本事例では，本時の展開で，交通事故による傷害の発生要因や傷害の防止についての知識を理解できるようにするための学習活動を通して「①－1傷害の防止について，自他の健康の保持増進や回復についての学習に自主的に取り組もうとしている。(粘り強さ)」の態度の指導及び評価を取り上げている。

　単元では，2つの評価規準を単元構造図で設計しているが，「①－1粘り強さ」は、傷害の防止に関する知識を理解しようとする学習活動や仲間と話し合い，課題を解決しようとする学習活動で指導するとともに，観察による評価を行っている。また，「①－2自己調整」は，単元の中での知識及び技能を習得したり，思考力，判断力，表現力等を身に付けたりするための学習活動において指導し，最終の8時間目に「主体的に学習に取り組む態度」の総括的な評価として観察による評価を行っている。

　本時では，1時間目に撮影した危険個所での予想される事故の概要や要因・対策を，ホワイトボード機能ソフトを活用してまとめる場面において，前時に学習した傷害の発生要因の知識をもとに実際の危険個所の人的要因・環境要因について考えられるように前時の学習カードを繰り返して振り返るよう促す。また，撮影した危険個所の人的要因・環境要因への対策を複数挙げる場面では，教師や仲間の助言を受けながら考えるように促すことで，粘り強さの取組へとつなげていきたい。それらをまとめたものをグループで交流する場面では，それぞれの要因に対して適切な対策となっているか意見を出し合うことができるように，自分の考えをしっかり伝えるとともに仲間の意見を最後まで聞くなど，互いの考えを伝え合うことが大切であることを指導し，それらの表出した態度について観察による評価を行う。

(2)判断の目安例（ルーブリック）

規準	A十分満足できる	Bおおむね満足できる	C努力を要する
学びの姿 （Bは評価規準）	それぞれの学習場面で教師や仲間の助言を参考にして粘り強さにつながる発言，行動が安定的に出現している。	傷害の防止について，自他の健康の保持増進や回復についての学習に粘り強く取り組もうとしている。(粘り強さ，自己調整)	傷害の防止についての知識の理解が不十分なため，言動に肯定的姿勢が不足している。
行動観察による具体的な言動や行動 （2時間目）	・学習カードの振り返りに加え，仲間へ意見を求めたり，仲間へ助言したりするなどの発言や行動がみられる。 ・教師や仲間の助言を参考にした発言や行動がみられる。 ・話合いの場面で，自分の考えを伝えるとともに，仲間への配慮がみられる。	・学習カードの記載内容を振り返って見つけようとしている。 ・教師や仲間の助言を受け入れようとしている。 ・話合いの場面で，自分の考えを伝えたり仲間の意見を聞いたりしようとしている。	・受動的姿勢。 ・配慮のない言動，暴言等。 ・協力の姿勢の不足。
「主体的に学習に取り組む態度」の理解の程度	粘り強く取り組むことが知識・技能の習得や課題発見・課題解決につながり，学びを深めたり広げたりすることを理解している。	粘り強く取り組むことが知識・技能の習得や課題発見・課題解決につながることを理解している。	粘り強く取り組むことの意義について理解できていない。

(3)評価方法の実際

○1時間目　全体観察・本時の振り返り（Googleフォーム入力）

　校内や通学路の危険個所を見つけるための取り組み方（取り組みへの態度）を授業内で観察し，特に努力を要する生徒がいないかを確認する。

　本時の振り返りとして，傷害の発生要因に関する知識の習得状況及び，校内や通学路の危険個所を見つけるための取り組み方（取り組みの態度）について，生徒がGoogleフォームに入力する。また，生徒が入力した取り組み方の記述の内容をもとに，生徒の状況

> 校内や通学路の危険箇所を見つけるために、あなたはどのようなことに取り組み ＊
> ましたか。あてはまるものをすべて答えましょう。
>
> ☐ 傷害の発生要因について、教科書やノートをふり返るようにした。
> ☐ 校内で経験した危険な場面へ行き、撮影するようにした。
> ☐ 通学路で経験した危険な場面を地図機能ソフトで探すようにした。
> ☐ 悩んだり迷ったときに、仲間や先生にたずねるようにした。
> ☐ 仲間に声をかけられたときは、一緒に考えるようにした。
>
> 上の項目以外で、校内や通学路の危険箇所を見つけるために、あなたが取り組ん ＊
> だことを自由に記入してください。
>
> 回答を入力

Googleフォーム例

を把握するとともに2時間目での指導に生かすようにする。

○2時間目　全体観察

　1時間目に撮影した危険個所の予想される事故の概要や要因・対策を，ホワイトボード機能ソフトを活用してまとめる場面において，その学習課題への取組に対する粘り強さの態度を観察評価する。判断の目安例を参考として，学習カードの記載内容を振り返ったり教師や仲間の助言を受け入れようとしたりしているか，また，話合いの場面においては，自分の考えを伝えたり，仲間の意見を尊重して聞こうとしたりしているかを観察する。1時間目でのGoogleフォームに入力している生徒の状況を参考にして，努力を要する生徒への支援や，記入した内容とそれらの言動が伴っていない生徒への助言を行うようにする。

○6時間目　全体観察

　7時間目の心肺蘇生法の実習に向け，心肺蘇生法の手順の知識を習得するための学習場面で，その学習課題への取組に対する粘り強さの態度を観察評価する。心肺蘇生法の手順の一つ一つをカード（データ）にし，タブレット上で生徒と共有した後，手順カードの説明文の間違いを正しく修正するとともに，傷害の悪化を防止するための正しい順に並び替える。さらに，7時間目の実習を想定し，ペアで正しい手順での実演を行いながら確認し合うような学習を行う。これらの学習活動を着実にやり抜く態度について観察評価し，1～5時間目までの粘り強さの態度の経過や2時間目での観察評価も加えて，6時間目に「①粘り強さ」の評価を行い，8時間目に「主体的に取り組む態度」の総括的な評価を行うようにする。

(4)健康と環境

15 第3学年（8時間）
学習を調整しようとする態度（自己調整）の評価

「主体的に取り組む態度」の評価の重点 自己調整の視点
内容のまとまり 第3学年「(4)健康と環境」

▶ 大谷 麻子

1 単元の目標

(1)身体の環境に対する適応能力や至適範囲，飲料水や空気の衛生的管理，生活に伴う廃棄物の
衛生的管理について，課題の解決に役立つ基礎的な事項を理解できるようにする。

(2)健康と環境に関する情報から課題を発見し，その解決に向けて思考したり，判断したりした
ことを表現できるようにする。

(3)健康と環境について，課題の解決に向けての学習に自主的に取り組もうとすることができる
ようにする。

2 単元の評価規準

知識・技能	思考・判断・表現	主体的に学習に取り組む態度
①気温の変化に対する適応能力とその限界について，また，気象情報の適切な利用について理解したことを言ったり，書き出したりしている。（適応能力とその限界） ②温熱条件や明るさの至適範囲について理解したことを言ったり，書き出したりしている。（温熱条件や明るさの至適範囲） ③空気の衛生的管理について理解したことを言ったり，書き出したりしている。（空気の衛生的管理） ④飲料水の衛生的管理について理解したことを言ったり，書き出したりしている。（飲料水の衛生的管理） ⑤生活に伴う廃棄物の衛生的管理について理解したことを言ったり，書き出したりしている。（廃棄物の衛生的管理）	①健康と環境に関わる原則や概念を基に，収集した情報を整理したり，習得した知識を個人生活と関連付けたりして，自他の課題を発見している。（課題発見） ②健康と環境について，課題の解決方法とそれを選択した理由などを，他者と話し合ったり，ノートなどに記述したりして，筋道を立てて伝え合ってる。（表現）	①健康と環境の学習について，課題の解決に向けての学習に自主的に取り組もうとしている。 （①－1粘り強さ） （①－2自己調整）

3 単元構造図

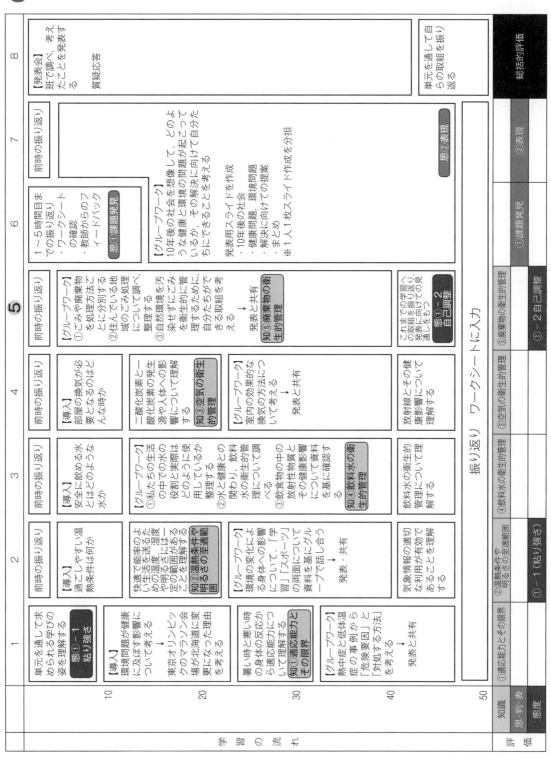

4 学びに向かう力，人間性等の指導の工夫マップ

解説の表記（学年：3，領域：健康と環境，態度の内容：自己調整の視点）

生涯を通じて心身の健康の保持増進を目指し，明るく豊かな生活を営む態度を養うとは，保健の学びに向かう力，人間性等に関する資質・能力の育成についての目標である。自他の健康に関心をもち，現在だけでなく生涯を通じて健康の保持増進や回復を目指す実践力の基礎を育てることによって，生徒が現在及び将来の生活を健康で活力に満ちた明るく豊かなものにすることを目指したものである。

概念知（する意味）

よりよく学ぼうとする意欲をもって学習に取り組むため

具体知（何をするのか）

○健康と環境の学習の目当てと見通しを考える
○健康と環境の学習の進行場面で，自らの学習自体を調整する
○健康と環境の学習の結果としての目標の達成状況を自己評価する

教師の働きかけ

〈場面・教材〉
1H　本単元を通して身に付けたい学びの具体的なゴールイメージを確認する

5H　これまで学習してきた内容を振り返りシートで確認し，自分の学習に取り組む姿勢を振り返る

8H　グループワークの際に，気付いたこと，工夫したことを振り返る

〈発問〉
1H　身に付けたい学びの姿に対してあなたの今日の取組はどうでしたか？

5H　これまでの自らの学習の取組を身に付けたい学びの姿と比べてみてください。成果や課題は何ですか？
修正すべき点はありますか？

8H　課題解決に向けて自分で考えたり，グループで話し合ったりしてきた学習への取組について振り返ってみましょう。

5 本時の展開

(1)指導の流れと重点

　単元を通してグループワークの場面を多く設定している。自らの考えを発表したり，仲間の考えを聞く際に，安心して話し合える環境づくりをすることが，自らの学びを深めることを生徒に理解させる。単元の前半で学習した概念的な知識と自分たちの生活とを結び付け，試行錯誤して自らの学びを調整しながら，粘り強く自主的に学習活動に取り組むことができるように指導を行う。

(2)評価の重点

　「主体的に学習に取り組む態度」については，単元全体を通して総合的に評価するため，5時間目である本時は「形成的評価」を行う。生徒がこれまでの自らの学びの姿を振り返り，ワークシートの記載内容や，教師からのアドバイスをもとに，自らの考えを修正したり，新たな課題を発見するなど，自主的に取り組もうとしている状況を観察し，判断していく。

(3)本時の流れ（5／8） ※態度に関する指導を中心に記述している

時間	学習内容（□）　　　活動（○）	留意点（＊）　　評価（☆）
はじめ10分	○挨拶，出席確認 ○本時の学習の見通しをもつ (1)前時までの学習を確認する (2)本時の学習のねらいを確認する ねらい：生活に伴う廃棄物の衛生的管理について理解するとともに，これまでの学習の取組を振り返ろう。 **態度①健康と環境について，課題の解決に向けての自らの取組を調整しようとすること（自己調整）**	＊1時間目に提示した学びの姿のゴールイメージを再確認し，これまでの取組と本時の目指す学びの姿を確認するように促す。
なか30分	○自分達の生活から出るごみや廃棄物について整理する (1)自分たちの生活から出るごみや廃棄物をあげ，処理方法ごとに分別する ※ ICT のホワイトボード機能を使用し，身の回りのごみや廃棄物をあげ，処理方法の違いでグルーピングを行う。 (2)住んでいる地域のごみの処理について調べ，整理する ※インターネットを用いて検索して整理する。 (3)自然環境を汚染せずにごみを衛生的に管理するために，自分達ができる取組について考える (4)各グループがまとめた内容を表示し，共有する 【知識】 ・廃棄物の種類に即して衛生的に処理する。 ・ごみの減量や分別などの個人の取組の重要性。 ・公共機関の情報を活用した個人の取組。	＊調べ学習がスムーズに行われるように，役割分担するよう促す。 ＊これまでの授業における話合いのよい例を示し，仲間の意見を聞くことと，自分の意見もわかりやすく伝えることの大切さを確認する。 ＊他のグループの発表を聞く際は，自グループとの相違点や，気付いたことを自分の考えに生かそうとすることが大切であることを伝える。 ☆**評価規準：ワークシート** 知識⑤生活に伴う廃棄物の衛生的管理について理解したことを言ったり，書き出したりしている。（廃棄物の衛生的管理）
まとめ10分	○自らの学習に取り組む姿勢を振り返る (1)本日の振り返りを入力する (2)これまでのワークシートへの記載内容を確認し，自らの取組を振り返る (3)今後のグループワークに生かしたいことを考える	＊課題発見，話し合い，発表の場面ごとに振り返るよう支援する。 ☆**評価規準：観察・ワークシート** 態度①健康と環境について，課題の解決に向けての自らの取組を調整しようとしている。（自主的－自己調整）

6 本単元の「主体的に学習に取り組む態度」の評価の工夫

(1)評価方法の工夫

　保健における主体的に学習に取り組む態度の評価では，単元を通して得た知識や思考し判断したことを表現する学習活動を通して，単元のまとめにおいて総括的に評価する。本事例では単元を通して身に付けたい学びの姿を示し，自らの学習の仕方のゴールイメージを示している。5時間目となる本時では，これまでの自らの取組をゴールイメージと比較して振り返り，修正する時間を設けた。教師は観察とワークシートの記載内容から生徒の意志的な側面を把握し，「努力を要する」状況の生徒に対し，コメントで指導するとともに，指導改善につなげる。6・7時間目のグループワークと8時間目の発表内容を共有する時間で，教師からのフィードバックを参考に，自分の考えを整理しようとしたり，仲間の意見との相違点への気付きから自分の考えを深めようとしたりしているかについて観察による評価を行うとともに，ワークシートへの入力内容に思考を深めようと努力している姿をみとり，総合的に評価を行う。

　ワークシートは，ICTを活用して生徒と共有できる設定にしたエクセルシートを用いることで，知識の定着度と，思考力，判断力，表現力等を身に付けたりすることに向けた粘り強い取組を行おうとしている姿をみとることができるようにする。また，生徒は自らの入力内容と教師のコメントを見返すことで，自らの学びを修正できるようにする。

(2)判断の目安例（ルーブリック）

規準	A十分満足できる	Bおおむね満足できる	C努力を要する
学びの姿 （Bは評価規準）	態度のもととなる知識を理解し，課題の解決に向けての話し合い活動や意見の交換の場面で，資料を調べ直すなど粘り強く学習活動を調節しようとしている。	健康と環境の学習について，課題の解決に向けての学習に自主的に取り組もうとしている。 （自己調整）	課題の解決に向けた自主的な取組が不十分である。
「主体的に学習に取り組む態度」の理解の程度	概念をもとに具体的な気付きや疑問，工夫した点が記されている。	気付きや疑問，工夫した点が記されている。	記述が不十分で，手立て後の加筆もみられない状況。
行動観察による具体的な言動や行動 6・7時間目（観察） 8時間目 （総括的評価）	・資料を調べ直し，仲間の意見を参考にして，自分の考えを改善しようとしている。 ・自分の考えを説明する際に，最初に示した根拠では不十分だった時に，別の根拠を示して説明しようとしている。 ・異なる立場の意見を参考にしながら，自分の考えに修正を加え，適切な根拠を得ようとしている。	・自分の考えを改善したり，仲間に理解してもらうために説明しようとしている。 ・異なる立場の意見を聞き入れ，自分の考えをよりよくしようとしている。 ・努力を要する状況での指導からの肯定的変化。	・受動的姿勢。 ・自分の考えを改善しようとしない。 ・話し合い活動で，異なる立場の意見を聞き入れない。

(3)評価方法の実際

○1時間目　診断的評価

「なぜ健康と環境について学習するのか」と「どのように健康と環境について学習を進めていくのか」について理解を深めるため，単元を通して身に付けたい具体的な学びの姿を提示する。

〈本単元で求められる学びの姿〉
・話し合いの場面で，仲間の考えから気付いたことを自分の考えに生かそうとしている。
・授業の流れを振り返り，学びが深まった学習活動について整理し，次時に生かそうとしている。
・提示された資料を多角的に読み取り，学習カードに具体的な考えを示そうとしている。

○5時間目　形成的評価　→　6時間目　生徒へのフィードバック

生徒は前時の学習の仕方と比較しながら本時の学習の取組を振り返って自己評価を行い，効果的な学習の進め方を模索できるように指導する。6時間目には，自らのこれまでの学習への取り組み方を振り返り，より効果的な学習の進め方を見直す場面を設ける。この場面で，教師は

健康と環境				組　番　名前	
	1時間目	2時間目	3時間目	4時間目	5時間目
自己評価	1・2・③・4	1・2・③・④	1・2・3・④	1・2・3・④	1・2・3・④
気づいたこと	熱中症は誰にでも起こる身近な問題。発症しないように予防することが大切だとわかった	快適にスポーツを行うには，気温や湿度，明るさなどに一定の範囲があることがわかった	蛇口から出てくる水を当たり前のように飲んでいた。厳しい基準が設けられていて驚いた	換気はいつも心がけている。感染症予防のためだけでなく，気持ちよく過ごすためにも大切	ごみの分別がとても大切。でもごみを出さないことにも大切だとわかった
疑問に思ったこと	このまま気温が上昇し続けたら学校生活はどう変化していくのだろうか。	気象情報を熱中症の予防に役立てるにはどうしたら良いだろうか	もし，断水になったら雨水をどうやって飲み水に変えたらよいのだろうか	空気は見えないので，効果的に換気をするにはどうしたら良いだろうか	プラスチックごみを減らす工夫はもっとできないだろうか
教師からのコメント	自分の考えは言えましたか？学習したことを自分の生活に生かしてください。	自分事として考えた発言ができていました。友達の意見も聞くことができていました。	資料の読み取りでは，積極的に意見が言えていました。この後も継続してください。	自分の生活に当てはめて，考えることができていました。	調べ学習では，率先して調べることができていて良かったです。
1~5時間目までを振り返って気づいたこと，この後のグループワークにいかしたいこと					
グループワークでは自分の意見をきちんとわかるように話すことが大切だと思った。そして友達の意見も聞いてわかりにくかったことがあれば，遠慮せず聞くことも大切だと思った。後半のグループワークでは話し合いが中心になるのでみんなの意見をうまく調整してよい発表にしたい。					

	6時間目	7時間目	8時間目		
自己評価	1・2・③・4	1・2・③・4	1・2・3・④		
気づいたこと	友達の発言をまず聞いてから，気になったことを質問することで話し合いが深まった	みんなで資料を持ち寄ったことで，一つの問題も色々な解決の方法があることに気づいた	他の班の発表を聞いて，環境問題は簡単に解決する問題ではないが，私たち一人一人にできることがたくさんあることが分かった。特に1班の発表はプラスチックごみの削減について今からできる取り組みを提示していて，今日からでもできそうでよかった。先生から教えてもらったので，発表する時は単にならずゆっくりと説明することを心がけた。手元ばかり見て話しをするのは良くないと思ったので，聞いてくれる人の顔を見るようにもしてみた。		
参考になった意見	○○さんのごみを減らすための工夫はみんなに知ってほしいと思った	○○さんの資料の説明の仕方が，丁寧でわかりやすかった			
工夫した点	自分の説明がわかりにくかったようなので，別の資料を探してみようと思う	他の班にわかりやすく説明するために，図やグラフを探してきた。説明をもっとわかりやすくしようと思う	仲間の意見を聞く	自らの考えを発表する	自らの取り組みを振り返り，調整する
			1・2・③・4	1・2・3・④	1・2・③・4
教師からのコメント	友達の意見を聞いて，わかったことと，わからなかったことを意見表示することが大切です。	図やグラフを友達にどうしたら理解してもらえるかを考えて工夫してくださいね	単元を通しての振り返り		
			健康と環境の学習ではグループでの話し合い活動が多く，最初はなかなか自分の意見が言えなかったが，少しずつできてきたように思えてよかった。友達の意見に，質問することで自分の考えに変化が出ることもあった。資料の読み取りや調べ学習は，積極的に意見が言えたと思う。		

形成的評価をもとに，よい取組ができている生徒の具体例をクラスで共有する。また，努力を要する状況の生徒(C)に対し，コメントで指導するとともに，この後の指導改善につなげる。

○6・7時間目グループワーク　→　8時間目　総括的評価

6・7時間目は，課題解決に向けた話し合いの中で積極的に意見を出し，また，友達の意見に耳を傾け，異なる立場の意見から自分の考えを深めようとしている状況をみとるため，机間巡視をしながらグループワークの様子を観察する。自らの考えをなかなか発言できない生徒には，教師が意見を求めたり，理由を尋ねたりすることに対する反応を観察する。異なる意見を聞いて自分の考えを調整することができていない生徒には，個別に声をかけてサポートを行いながら変容をみとる。8時間目の最終時間では，導入で示した学びのゴールイメージと自らの取組を比較して振り返りを行う。単元を通して，粘り強い取組の中で自らの学習を調整しようとする姿を確認し，確定のための最終確認を実施する。

参考文献

文部科学省，中学校学習指導要領（平成29年告示）解説保健体育編，2018.

国立教育政策研究所，「指導と評価の一体化」ための学習評価に関する参考資料　中学校保健体育，2020.

ジョナサン・バーグマン，アーロン・サムズ，反転授業—基本を宿題で学んでから，授業で応用力を身につける，オデッセイコミュニケーションズ，2014.

ジョナサン・バーグマン，アーロン・サムズ，反転学習—生徒の主体的参加への入り口，オデッセイコミュニケーションズ，2015.

中央教育審議会，教育課程企画特別部会　論点整理（報告）補足資料(3)(4)(5)，2015.

文部科学省，学習指導要領の変遷
https://www.mext.go.jp/b_menu/shingi/chukyo/chukyo 3 /004/siryo/__icsFiles/afieldfile/2011/04/14/1303377_ 1 _1.pdf（参照日2023.4.22）

文部科学省，幼稚園，小学校，中学校，高等学校及び特別支援学校の学習指導要領等の改善及び必要な方策等について（答申），2016.

梶田叡一，教育評価 第 2 版補訂 2 版，有斐閣，2010.

ブルームほか（渋谷・藤田・梶田訳），教育評価法ハンドブック：教科学習の形成的評価と総括的評価，第一法規出版，1973.

樋口耕一，社会調査のための計量テキスト分析 —内容分析の継承と発展を目指して—第 2 版，ナカニシヤ出版，2020.

ユーザーローカル，AI テキストマイニング
https://textmining.userlocal.jp（参照日2023.4.22）

【執筆者紹介】（執筆順）

佐藤　　豊　　桐蔭横浜大学教授

石川　泰成　　埼玉大学教授

高橋　修一　　日本女子体育大学教授

本多壮太郎　　福岡教育大学教授

中島　寿宏　　北海道教育大学札幌校教授

清田　美紀　　環太平洋大学准教授

後藤真一郎　　大分県大分市立上野ヶ丘中学校

村上　千惠　　大阪府高槻市立第十中学校

小野寺理香　　北海道北見市立端野中学校教頭

青木　哲也　　福岡県北九州市立中央中学校校長

佐藤　　若　　山形県青年の家所長

宮田　幸治　　長崎県長崎市立城山小学校校長

千田　幸喜　　岩手県教育委員会事務局学校教育室

藤田　弘美　　福岡県行橋市立泉中学校長

木原　慎介　　東京国際大学准教授

栫　ちか子　　鹿屋体育大学准教授

大越　正大　　東海大学教授

岩佐　知美　　大阪府高槻市立阿武野中学校校長

大谷　麻子　　神戸大学附属中等教育学校

【編著者紹介】

佐藤　豊（さとう　ゆたか）

桐蔭横浜大学スポーツ健康政策学部教授

高等学校教諭，県指導主事を経て，国立教育政策研究所（文部科学省）教科調査官として，平成20年版学習指導要領及び解説の作成編集を担当した。平成23年鹿屋体育大学教授を経て，平成28年より現職。

体育科教育，野外教育，体育・スポーツ行政，国内，海外カリキュラム開発支援等を実践。体育・保健体育ネットワーク研究会を通して，養成段階，現職教員研修等のアクティブ・ラーニング型研修の開発，単元構造図による授業設計，体つくり運動アプリ開発などを行っている。

中学校保健体育
「主体的に学習に取り組む態度」の学習評価
完全ガイドブック

2023年6月初版第1刷刊　©編著者　佐　藤　　　豊

発行者　藤　原　光　政

発行所　明治図書出版株式会社
http://www.meijitosho.co.jp
（企画）佐藤智恵（校正）nojico
〒114-0023　東京都北区滝野川7-46-1
振替00160-5-151318　電話03(5907)6703
ご注文窓口　電話03(5907)6668

＊検印省略　　　　組版所　長野印刷商工株式会社

本書の無断コピーは，著作権・出版権にふれます。ご注意ください。

Printed in Japan　　　　　ISBN978-4-18-239421-8

もれなくクーポンがもらえる！読者アンケートはこちらから　→